Saeko Ito

JAPANISCH FÜR SIE

Ein moderner Sprachkurs
für Erwachsene

Max Hueber Verlag

Prof. Dr. Wilhelm Schiffer, S. J. gewidmet

Saeko Ito
Japanisch für Sie
Ein moderner Sprachkurs für Erwachsene

Verlagsredaktion: Elisabeth Stiefenhofer, Ismaning
Layout: Erentraut Waldau, Ismaning
Textillustration: Herbert Horn, München
Umschlagfoto: Karl Hornung, Bergtheim

4. 3. | Die letzten Ziffern
1997 | bezeichnen Zahl und Jahr des Druckes.
Alle Drucke dieser Auflage können, da unverändert,
nebeneinander benutzt werden.
3. Auflage 1990
© 1980 Max Hueber Verlag, D-85737 Ismaning
Satz: Brigitte Schneider, München
Druck: Allgäuer Zeitungsverlag GmbH, Kempten
Printed in Germany
ISBN 3−19−005075−9

Inhalt

VORWORT

Das Lehrbuch „Japanisch für Sie" ist für den Erwachsenenunterricht bestimmt und eignet sich zusammen mit den Toncassetten und dem Glossar mit Schlüssel auch zum Selbstunterricht. Es führt in die moderne japanische Umgangssprache ein und zielt auf eine schnelle Vermittlung des Japanischen ab, damit der Lernende möglichst bald eine mündliche Kommunikationsfähigkeit erwirbt. Aus diesem Grund sind alle japanischen Texte in Rōmaji, also in lateinischer Schrift gedruckt und umgehen damit die außerordentlich schwierige Lernbarriere der sino-japanischen Schriftzeichen (Kanji) und der japanischen Silbenschrift (Katakana und Hiragana). Die Dialoge behandeln die gängigen Gesprächsthemen des modernen japanischen Alltagslebens.

Aufbau des Lehrbuchs: Die Einleitung des Lehrbuchs stellt den japanischen Lautbestand vor und erklärt die Lautbildung. Jede der 16 Lektionen bringt als Text Dialoge, wie sie sich in Alltagssituationen ergeben können. Anschließend wird das in den Dialogen auftretende Sprachmaterial herausgestellt und erklärt. Im Grammatikteil jeder Lektion sind die neueingeführten Sprachstrukturen systematisch zusammengestellt und erklärt. Die anschließenden Übungen, meist als Partnerübungen angelegt, geben dem Lernenden die Möglichkeit, das erarbeitete Sprachmaterial praktisch anzuwenden und einzuüben.

Die Textaufnahmen auf Cassetten sollen dem Lernenden dazu verhelfen, Gehörtes zu verstehen. Das Tonmaterial dient zur mündlichen Einübung der für die sprachliche Kommunikation unerläßlichen Ausdrucksformen.
(Hueber-Nr. 7.5075)
Ein alphabetisches Wörterverzeichnis und der Schlüssel zu den Übungen des Lehrbuches vervollständigen das Lehrwerk.

Eine Lesefähigkeit japanischer Texte wird in diesem Lehrbuch nicht angestrebt. Hierzu wäre das Erlernen der 1850 sino-japanischen Kanji-Zeichen und der Katakana- und Hiragana-Schrift, die jeweils 76 Silbenzeichen umfassen, erforderlich. Dies ist aber nur durch jahrelanges Studium erreichbar. Wenn der Lernende nach Durcharbeiten des Lehrbuchs imstande ist, sich in Alltagssituationen in Japan zurechtzufinden, und er sich auch in der Lage fühlt, menschliche Kontakte anzuknüpfen, ist das Ziel des Lehrgangs erreicht.

An dieser Stelle möchte die Verfasserin ihrem früheren Chef, dem 1972 verstorbenen Prof. Dr. Wilhelm Schiffer S. J. danken, der maßgeblich an der Grundlegung dieses Lehrwerks beteiligt war. Er war Professor an der Sophia Universität in Tokio und Chefredakteur der „Monumenta Nipponica".

Mein Dank gilt auch dem verstorbenen Verleger, Herrn Ernst Hueber, der mich in meiner Arbeit stets förderte. Für das Zustandekommen dieses Lehrwerks bin ich aber auch Herrn Dr. Wolfgang Rhein, dem ehemaligen Leiter des Goethe-Instituts in Kyoto verpflichtet, dessen wertvolle Mitarbeit am Manuskript mir unentbehrlich war. Nicht zuletzt möchte ich auch allen jenen danken, die mir bei der Erstellung des Manuskripts mit Rat und Tat zur Seite gestanden haben, das sind vor allem Herr und Frau Prof. Dr. Gössmann, Herr Prof. H. Morioka S. J. und Frau Gudrun Uhlig.

Dipl. Päd. Saeko Ito

München, im Frühjahr 1980

Liste der Fremdwörter

(Die Ziffern hinter den Fremdwörtern beziehen sich auf die Seiten, auf denen das betreffende Wort zum erstenmal vorkommt.)

Amerika: e.* America 32
apāto: a. apartment(house) 120
arubamu: e. album 30
baiorin: e. violin 77
banana: e. banana 23
basu: e. bus 36
batā: e. butter 19
benchi: e. bench 83
bentsu: d. Mercedes-Benz 139
beru: e. bell 71
Berurin-opera: d. Berlin(er) — e. opera 90
biru: e. building 62
bĩru: d. Bier 9
biya-hōru: e. beer hall 89
Bon: d. Bonn 32
bōnasu: e. bonus 148
bōrupen: e. ball(point) pen 30
Buraun: d. Braun 37
burausu: e. blouse 28
Buranto: d. Brandt 62
depāto: e. department store 15
doā: e. door 62
Doitsu: h. Duitsch(land) 32
doraibu: e. drive 22
erebētā: a. elevator 62
forukusuwāgen: d. Volkswagen 139
Furansu: e. France 39
gasorin: a. gasoline 128
handobakku/-baggu: e. handbag 19
hankachi: e. handkerchief 28
Hawai: e. Hawaii 148

Hiruton-hoteru: e. Hilton Hotel 152
Honkon: e. Hong Kong 55
hoteru: e. hotel 41
Igirisu: p. Inglez 39
Itari: e. Italy 39
jazu: a. jazz 60
jūsu: e. juice 30
kamera: e. camera 55
kēki: e. cake 27
Kerun: d. Köln 97
kōhĩ: h. koffie 19
konsāto: e. concert 18
koppu: h. kop 27
kurashikku: e. classic 60
kurasu: e. class 62
Maiyā: d. Meier, Mayer 71
matchi: e. match 27
miruku: e. milk 30
Myurā: d. Müller 32
nekutai: e. necktie 30
nōto: e. note book 30
Nyū-Tōkyō: e. new-(Tokyo) 89
nyūsu: e. news 47
orenji: e. orange 23
Ōsutoria: e. Austria 39
pan: p. pão 19
Pari: f. Paris 60
pasupōto: e. passport 136
pen: e. pen 86
piano: e. piano 57
posto: e. post 62
poketto: e. pocket 79

---

*Abkürzungen: a. = amerikanisch; d. = deutsch; e = englisch; f. = französisch; h. = holländisch; p. = portugiesisch

7

Anmerkungen zur Aussprache*

1. Vokale

a: kurz wie in 'Samt', 'Paß'
Beispiele: *asa* (Morgen), *haha* (Mutter), *atama* (Kopf), *sakana* (Fisch)

ā: lang wie in 'Kahn', 'Hase'; kommt häufig in Fremdwörtern vor
Beispiele: *okāsan* (Mutter), *āmen* (Amen), *batā* (Butter), *apāto* (Appartement)

e: kurzes 'ä' wie in 'älter', 'Äste'
Beispiele: *eki* (Bahnhof), *te* (Hand), *me* (Auge), *ase* (Schweiß)

ē: langes 'ä' wie in 'Ähre', 'Käse'; kommt häufig in Fremdwörtern vor
Beispiele: *mētoru* (Meter), *erebētā* (Fahrstuhl), *mēdē* (der Erste Mai)

i: kurz wie in 'Licht', 'Infinitiv'
Beispiele: *inu* (Hund), *kinu* (Seide), *imi* (Bedeutung), *mimi* (Ohr)

ī: lang wie in 'Bier', 'ihm'; kommt häufig in Fremdwörtern vor
Beispiele: *īsutā* (Ostern), *bīru* (Bier), *chīzu* (Käse), *kōhī* (Kaffee)

o: kurz wie in 'offen', 'oft'
Beispiele: *otoko* (Mann), *otoko no ko* (Knabe), *hon* (Buch), *kodomo* (Kind)

ō: lang wie in 'roh', 'Not'
Beispiele: *otōto* (jüngerer Bruder), *imōto* (jüngere Schwester), *kōen* (Park)

u: etwa wie das deutsche 'u' in 'Kult', 'Nuß', 'und'
Beispiele: *umi* (Meer), *uta* (Lied), *musume* (Tochter), *kuruma* (Wagen)

ū: etwa wie das deutsche 'u' in 'tun', 'nun', 'Blume', d. h. wie ein langes deutsches 'u' ohne ausgeprägte Lippenrundung
Beispiele: *kūki* (Luft), *kūkō* (Flughafen), *jūni* (zwölf), *kōtsū* (Verkehr)

2. Diphthonge

Es gibt im Japanischen keine Diphthonge im Sinne der deutschen Sprache.

---

* Diese Anmerkungen sind als praktische Hinweise für den Benützer zu verstehen. Auf die Verwendung von phonetischer Fachterminologie wurde bewußt verzichtet.

ai: wird beim gewöhnlichen Sprechen so zusammengezogen, daß es dem deutschen 'ei' wie in 'rein', 'mein' nahekommt
Beispiele: *kaisha* (Firma), *kanai* (meine Frau), *amai* (süß), *shōbai* (Handel)

au: wird beim schnellen Sprechen nur ganz leicht getrennt, so daß es dem deutschen 'au' wie in 'Baum', 'kaum' nahekommt
Beispiele: *au* (treffen), *kau* (kaufen), *hau* (kriechen), *warau* (lachen)

ei: (= e^i) wird niemals wie der deutsche Diphthong 'ei' in 'mein', 'kein' ausgesprochen, aber auch nicht so getrennt, daß zwei nebeneinander stehende Laute ('e' und 'i') zu hören sind. Der Laut entspricht etwa dem 'ai' im amerikanischen 'amen' (= e^{i}men)
Beispiele: *eiga* (Film, Kino), *teinei* (höflich), *seiji* (Politik)

ou: wird nicht zu 'u' wie in 'Tour' zusammengezogen, aber trotzdem verbunden gesprochen
Beispiele: *omou* (denken), *niou* (riechen), *kou* (bitten)

oi: kommt der Aussprache des 'eu' wie in 'heute', 'Bäume' sehr nahe
Beispiele: *nioi* (Geruch), *oi* (Neffe), *omoimasu* (denken), *aoi* (blau, grün)

eu: wird immer getrennt ausgesprochen
Beispiele: *neuchi* (= *ne-uchi*) (Wert), *meushi* (= *me-ushi*) (Kuh)

ae,
oe, werden immer getrennt ausgesprochen; Umlaute (ae = ä, oe = ö, ue = ü) gibt es im Japanischen nicht
ue: Beispiele:
mae (= *ma-e*) (vorn), *kaeru* (= *ka-eru*) (zurückgehen)
bōeki (= *bō-eki*)(Handelsverkehr), *moeru* (= *mo-eru*) (brennen)
fue (= *fu-e*) (Flöte), *tsue* (= *tsu-e*) (Stock)

3. Konsonanten

b: in 'Bast', 'bis', 'bunt', 'Becken' und 'Bock'
Beispiele: *bara* (Rose), *bin* (Flasche), *bungaku* (Literatur), *bengoshi* (Advokat), *bochi* (Friedhof)

ch: bei *cha, chi, chu, che* und *cho* entspricht dem englischen 'ch' in 'Charles'
Beispiele: *ocha* (Tee), *chichi* (Vater), *chūi* (Aufmerksamkeit), *Chekko-Surobakia* (Tschechoslowakei), *chochiku* (Sparen)
Hinweis: der ach-Laut wie in 'auch', 'doch' kommt im Japanischen nicht vor.

d: wie in 'Dank', 'denken' und 'Dolmetscher'
Beispiele: *daijin* (Minister), *denwa* (Telefon), *dōzo* (bitte)

f: Bei der Aussprache des japanischen 'f' werden die Lippen leicht zusammengebracht ohne die Zähne zu berühren (Blaslaut). *fa, fi, fe* und *fo* erscheinen nur bei Fremdwörtern:
Beispiele: *fan* (Fan), *firumu* (Film), *feruto* (Filz), *fōku* (Gabel)
fu (in anderen Romaji-Systemen auch *hu* geschrieben) entspricht einem schwachen deutschen 'hu' ohne Lippenrundung
Beispiele: *fune* (Schiff), *Fujisan* (Berg Fuji), *yōfuku* (europäischer Anzug)

g: im Anlaut entspricht dem deutschen 'g' wie in 'Gast', 'Gift', 'gern'
Beispiele: *gaijin* (Ausländer), *gin* (Silber), *gunjin* (Soldat), *genzai* (Gegenwart), *go* (fünf)
im Inlaut wird 'g' meist leicht nasaliert und entspricht der Umgangsaussprache von 'g' wie in 'Signal' (= si-gnal)
Beispiele: *tegami* (Brief), *mugi* (Weizen), *sugu* (sofort), *hige* (Bart), *mago* (Enkelkind)

h: bei den Silben *ha, he* und *ho* entspricht es dem deutschen 'h' in 'halt', 'Heft' und 'Hoffnung'
Beispiele: *haha* (Mutter), *heta* (ungeschickt), *hoho* (Wange)
bei der Silbe *hi* wird 'h' wie ein schwaches 'ch' in 'ich', 'China' (= ich-Laut) ausgesprochen
Beispiele: *hito* (Mensch), *ahiru* (Ente), *mahi* (Lähmung)
die Silbe 'hu' kommt in der Umschrift dieses Buches nicht vor (vgl. unter 'f').

j: ist stimmhaft wie im englischen 'joy'
Beispiele: *jama* (Hindernis), *jikan* (Zeit), *jugyō* (Unterricht), *jōdan* (Scherz)

k: wie in 'kann', 'Kiste', 'Kuß', 'kennen' und 'konnte'
Beispiele: *kasa* (Schirm), *kibō* (Hoffnung), *kuni* (Land), *kenbutsu* (Besichtigung), *kotoba* (Sprache)

m: wie in 'machen', 'mich', 'merken', 'Mund' und 'morgen'
Beispiele: *mama* (Mutti), *mimi* (Ohr), *mune* (Brust), *me* (Auge), *momo* (Pfirsich)

n: wie in 'Natur', 'Nichte', 'Nuß', 'Nelke' und 'Nord'
Beispiele: *nani* (was), *niku* (Fleisch), *nugu* (auskleiden), *neko* (Katze), *nomu* (trinken)

p: wie in 'Papagei', 'Pilz', 'Pult', 'Pelz' und 'Post'
Beispiele: *pan* (Brot), *piano* (Klavier), *pengin* (Pinguin), *ponpu* (Pumpe)

r: kommt dem deutschen 'l' nahe, es steht in der Aussprache etwa zwischen dem 'l' und dem 'Zungen-r'
Beispiele: *rajio* (Radio), *ringo* (Apfel), *rusu* (Abwesenheit), *renshū* (Übung), *roku* (sechs)

s: ist immer ein scharfes 's' wie in 'was', 'Paß', auch am Anfang eines Wortes wird es stimmlos gesprochen
Beispiele: *satō* (Zucker), *su* (Essig), *seito* (Schüler), *soto* (draußen)

sh: bei *sha, shi, shu* und *sho* liegt in der Aussprache zwischen 'sch' (schön, Fisch) und 'ch' (mich, nicht)
Beispiele: *shashin* (Foto), *shichi* (sieben), *shujin* (mein Mann), *shokubutsu* (Pflanze)

t: bei *ta, te* und *to* wird wie in 'Tante', 'Telefon' und 'Tomate' gesprochen
Beispiele: *tatemono* (Gebäude), *tenki* (Wetter), *tomodachi* (Freund)
bei der Verbindung mit dem Vokal 'i' wird 't' wie das englische 'ch' in 'Charles' ausgesprochen und in der Hepburn-Umschrift als 'chi' geschrieben (s. o. unter 'ch')
bei der Verbindung mit dem Vokal 'u' wird 't' wie ein schwaches deutsches 'z' ('zum', 'Zukunft') ausgesprochen und in der Hepburn-Umschrift als 'tsu' wiedergegeben (andere Romaji-Systeme verwenden 'ti' und 'tu')
Beispiele: *tsubomi* (Knospe), *tsutsumu* (einwickeln), *katsu* (siegen)

w: wird wie 'f' durch Annäherung beider Lippen gebildet und ist stets stimmhaft; es erscheint nur in der Verbindung 'wa'
Beispiele: *watashi* (ich), *wakai* (jung), *wazawai* (Übel)

y: wird wie 'j' in 'Jochen' oder wie 'y' in 'Yacht' ausgesprochen
Beispiele: *yama* (Berg), *yume* (Traum), *yoru* (Nacht)
das gleiche gilt bei den Verbindungen *by-, gy-, hy-, ky-, my-, ny-, py-* und *ry-*
Beispiele: *byōki* (Krankheit), *gyūnyū* (Kuhmilch), *hyaku* (hundert), *kyō* (heute), *myōji* (Familienname), *nyūjōken* (Eintrittskarte), *roppyaku* (600), *ryokō* (Reise)

z: wird wie das englische 'z' in 'zone' ausgesprochen, d. h. wie ein stimmhaftes deutsches 's' mit anlautendem stimmhaftem 'd' (ds)
Beispiele: *zasshi* (Zeitschrift), *zutsū* (Kopfschmerzen), *zenbu* (alles), *zō* (Elefant)

Weitere Anmerkungen zur Umschrift und Aussprache

1. Wenn der Vokal lang gesprochen wird, setzt man einen waagerechten Strich darüber: *ā, ē, ī, ō, ū*. So unterscheidet man z. B.:

Vokal kurz:	*e* (Bild)	Vokal lang:	*ē* (ja)
	biru (Hochhaus)		*bīru* (Bier)
	soto (draußen)		*sōtō* (ziemlich)

2. Lautassimilation

Doppelkonsonanten werden wie gedehnte Einzelkonsonanten ausgesprochen, d. h., der erste Konsonant wird hinausgezögert und an den zweiten gebunden, wie in der Umgangsaussprache von 'Rückkehr', 'Bankkonto', 'Bettuch', 'Stadtteil', 'im Mai', 'annähern' usw.

Beispiele: *chotto matte kudasai* (Einen Augenblick bitte!), *gakkō* (Schule), *man'nenhitsu* (Füller), *matchi* (Streichholz)

3. Doppel 'ii' wird wie 'ī' ausgesprochen, bleibt aber zweisilbig

Beispiele: *ii* (gut), *chiisai* (klein), *oishii* (lecker)

4. 'u' im Auslaut nach 's' (z. B. *-desu, -masu*) wird nicht oder nur sehr schwach ausgesprochen. Das gleiche gilt von 'u' und 'i' zwischen stimmlosen Konsonanten (z. B.: *ch, f, h, k, p, s, sh, t, ts*)

Beispiele:

F$_u$kuda-san no ok$_u$san wa gak$_u$sei ni rek$_i$shi o oshiete imas$_u$.

(Frau Fukuda unterrichtet die Studenten im Fach Geschichte.)

Ch$_i$katets$_u$ no eki wa ch$_i$kai des$_u$ ka?

(Ist die U-Bahn-Station in der Nähe?)

5. Die Wort-Intonation des Japanischen ist melodisch, d. h. die betonte Silbe wird etwas erhöht.

Beispiele:

ame: (—_) Regen, (_—) Bonbon

Die Akzentsetzung kann mundartlich verschieden sein, so ist z. B. im Kansai-Dialekt: *ame* (_—) Regen, (—_) Bonbon.

Beachten Sie, daß ein geringer Unterschied in der Aussprache zu einem großen Bedeutungsunterschied führen kann.

Beispiele:

a. langer oder kurzer Vokal:

(o)koto (japanische Zither)

kōto (Mantel)

kotō (einsame Insel)

kōtō (mündlich)

kōttō (Antiquität)

b. einfacher oder doppelter Konsonant:

saka (Abhang) — *sakka* (Dichter)

seken (Welt) — *sekken* (Seife)

gakō (Maler) — *gakkō* (Schule)

Wie leicht es zu Mißverständnissen kommen kann, zeigen die folgenden Beispiele aus der Situation "Telefongespräch":

Dōzo kite kudasai.	(Bitte kommen Sie!)
Dōzo kiite kudasai.	(Bitte hören Sie!)
Dōzo kitte kudasai.	(Bitte legen Sie auf!)

Erläuterungen der in diesem Buch verwendeten Zeichen:

Die Lektionen sind in folgende Abschnitte unterteilt:

A: Text

B: Gebräuchliche Ausdrücke mit Erläuterungen

C: Grammatische Erläuterungen

D: Übungen

* Wörter mit einem Sternchen sind Fremdwörter, deren Herkunft im Anhang angegeben wird. Die Wörter werden nur dann mit einem Sternchen versehen, wenn sie zum erstenmal auftauchen.

/ Ein Schrägstrich zwischen zwei Wörtern bedeutet, daß diese Wörter alternativ gebraucht werden können.
Beispiel: *Doko e/ni ikimasu ka?*
d. h. entweder: *Doko e ikimasu ka?* oder: *Doko ni ikimasu ka?*

- Der Bindestrich zwischen zwei Wörtern zeigt an, daß diese beiden Wörter wie ein einziges Wort gesprochen werden (nicht absetzen!).
Beispiel: *Abe-san* = Abesan

¯ Ein waagerechter Strich über einem Vokal bedeutet, daß dieser Vokal gedehnt wird.
Beispiel: *arigatō, yūmei*

' Ein Apostroph zwischen zwei Silben besagt, daß diese beiden Silben getrennt zu sprechen sind.
Beispiel: *tai'iku* (tai-iku)
Bei allen anderen Wörtern in diesem Buch dient der Apostroph lediglich als Aussprachehilfe.
Beispiel: *kon'nichi wa, kon'na, man'nenhitsu* usw.

◐◑ Dieses Zeichen steht bei Übungen, die auf Tonträger aufgenommen wurden. Die Zahlen in Klammern geben an, welche Sätze für die Aufnahme ausgewählt wurden.

14

Kon'nichi wa

Etō:	Ohayō gozaimasu.
Abe:	Ohayō gozaimasu.
Etō:	Doko e ikimasu ka?
Abe:	Depāto* e ikimasu.
Etō:	Nani o kaimasu ka?
Abe:	Tokei o kaimasu.
Etō:	Sore kara?
Abe:	Uchi e kaerimasu.

Katō:	Kon'nichi wa.
Ishii:	Kon'nichi wa.
Katō:	Itsu Kyōto e ikimasu ka?
Ishii:	Asatte ikimasu.
Katō:	Kippu o kaimashita ka?
Ishii:	Hai, kaimashita.
Katō:	Jā ogenki de.
Ishii:	Sayonara.

Imai:	Konban wa.
Satō:	Konban wa.
Imai:	Kyō nani o shimashita ka?
Satō:	Eiga o mimashita.
Imai:	Asu ongakkai ni ikimasu ka?
Satō:	Iie, shigoto o shimasu.
Imai:	Sō desu ka. Jā oyasumi nasai.
Satō:	Oyasumi nasai.

B

kon'nichi wa: Guten Tag!

ohayō gozaimasu: Guten Morgen!; abgekürzte Form: *ohayō*

doko e ikimasu ka?: Wo gehen Sie hin?

depāto: Kaufhaus; Warenhaus (engl. department store)

nani o kaimasu ka?: Was kaufen Sie?

tokei: Uhr

sore kara: und dann

uchi e kaerimasu: Ich gehe nach Hause zurück.

itsu: wann

asatte: übermorgen

kippu o kaimashita ka?: Haben Sie die Fahrkarte gekauft?

hai: ja

ja ogenki de: Also, leben Sie wohl!

sayōnara/sayonara: Auf Wiedersehen!

konban wa: Guten Abend!

kyō nani o shimashita ka?: Was haben Sie heute gemacht?

eiga o mimashita: Ich habe einen Film gesehen.

asu: morgen

ongakkai (ni): (zum) Konzert

iie: nein

shigoto o shimasu: arbeiten

sō desu ka: ah, so

oyasumi nasai: Gute Nacht!

C

1. Die Frage "wohin?" — "doko e" oder "doko ni"

Doko e/ni	iki-masu **ka?**	Wohin gehen Sie?
Depāto **e/ni**	iki masu.	Ich gehe ins Warenhaus.
Doko e/ni	iki-mashita **ka?**	Wohin sind Sie gegangen?
Ongakkai **e/ni**	iki-mashita.	Ich bin ins Konzert gegangen.

doko bedeutet "wo". Die Partikeln *e* und *ni* geben die Richtung einer Bewegung an. Deshalb *doko e* oder *doko ni* = wohin?

Die Partikel *ka* am Ende des Aussagesatzes macht den Satz zur Frage. Gewöhnlich wird am Ende des Fragesatzes die Stimme etwas gehoben.

Im japanischen Satz wird das Subjekt nicht erwähnt, wenn der Hörer es kennt oder leicht erschließen kann. Theoretisch könnten die obigen Fragen auch "Wohin gehst du?", "Wohin geht er?" usw. übersetzt werden.

Zeiten des Verbs: Das Japanische kennt keine Konjugation des Verbs. *-masu* gibt für alle Personen in Singular und Plural an, was man gewöhnlich tut, oder was man tun wird. *-mashita* gibt an, was man in der Vergangenheit getan hat.

2. Die Frage "was?" — "nani"

Nani o	kai-masu ka?	Was kaufen Sie?
Tokei o	kai-masu.	Ich kaufe eine Uhr.
Nani o	kai-mashita ka?	Was haben Sie gekauft?
Kippu o	kai-mashita.	Ich habe eine Fahrkarte gekauft.
Nani o	shi-masu ka?	Was tun Sie?
Shigoto o	shi-masu.	Ich arbeite.
Nani o	shi-mashita ka?	Was haben Sie getan?
Eiga o	mi-mashita.	Ich habe einen Film gesehen.

Das Japanische kennt keine Artikel und, einige wenige Wörter ausgenommen, keinen Unterschied von Singular und Plural. Deshalb bedeutet *tokei* entweder "die Uhr", "die Uhren", "eine Uhr" oder "Uhren".
Die Partikel *o* nach einem Nomen hat die Funktion des Akkusativs.
Das Verb *shimasu* (= tun) verbindet sich mit vielen Nomina mit oder ohne *o* zu Ausdrücken, die im Deutschen eigene Verben sind, z. B. *shigoto o shimasu* = Arbeit tun = arbeiten.

3. Die Entscheidungsfrage — "hai, ē, iie"

Kyōto ni ikimasu ka?	**Hai/Ē**, iki-masu.	Ja, ich gehe.
Tokei o kaimasu ka?	**Hai/Ē**, kai-masu.	Ja, ich kaufe eine.
Nara ni ikimasu ka?	**Iie**, iki-masen.	Nein, ich gehe nicht.
Eiga o mimasu ka?	**Iie**, mi-masen.	Nein, ich sehe ihn nicht.
Shigoto o shimashita ka? **Hai/Ē**, shi-mashita.		Ja, ich habe gearbeitet.
Eiga o mimashita ka? **Hai/Ē**, mi-mashita.		Ja, ich habe ihn gesehen.
Kippu o kaimashita ka? **Iie**, kai-masen deshita.		Nein, ich habe sie nicht gekauft.
Uchi ni kaerimashita ka? **Iie**, kaeri-masen deshita.		Nein, ich bin nicht heimgekehrt.

Die Antwort "ja" bei der Entscheidungsfrage wird durch *hai* oder *ē* ausgedrückt; die Antwort "nein" durch *iie*.

Die Verneinung des Verbs geschieht durch die Endungen *-masen* (was man allgemein nicht tut oder nicht tun wird) oder *-masen deshita* (was man in der Vergangenheit nicht getan hat).

Die Endung *-masen* hat einen leichten Akzent auf der letzten Silbe.

4. Frage "wann?" — "itsu"

Itsu	kaimasu ka? ikimasu ka? mimashita ka? shimashita ka?	Kyō	kaimasu. ikimasu. mimashita. shimashita.

In der Antwort auf die Frage "wann" *itsu* steht der Zeitausdruck (z. B. kyō = heute) möglichst am Anfang des Satzes.

D Übung 1

a. Prägen Sie sich die Wörter ein!

depāto (Warenhaus)
kaisha (Firma)
shigoto (Arbeit)
eiga (Kino, Film)
gakkō (Schule)

daigaku (Universität)
toshokan (Bibliothek)
ongakkai/konsāto* (Konzert)
Nihon/Nippon (Japan)
Tōkyō Kyōto Ōsaka
Doitsu (Deutschland)

b. Antworten Sie mit "ja"! ◖◗ (1—6)

Gakkō ni ikimasu ka?	— Hai, ikimasu.
Ōsaka ni ikimashita ka?	— Hai, ikimashita.

1. Gakkō ni ikimasu ka? 2. Ōsaka ni ikimashita ka? 3. Kaisha ni ikimasu ka? 4. Ongakkai ni ikimashita ka? 5. Depāto ni ikimasu ka? 6. Doitsu ni ikimashita ka? 7. Eiga ni ikimashita ka? 8. Uchi ni kaerimasu ka? 9. Kyōto ni ikimasu ka? 10. Uchi ni kaerimashita ka?

c. Wiederholen Sie Übung b. Antworten Sie mit "nein"! **◖●** (1–6)

Gakkō ni ikimasu ka?	– Iie, ikimasen.
Ōsaka ni ikimashita ka?	– Iie, ikimasen deshita.

d. Antworten Sie! **◖●** (1–5)

Doko e ikimasu ka? (depāto)	– Depāto e ikimasu.

depāto, eiga, daigaku, kaisha, Nihon, Doitsu, Tōkyō, Kyōto, toshokan

e. Antworten Sie! **◖●** (1–5)

Doko ni ikimashita ka? (kaisha)	– Kaisha ni ikimashita.

kaisha, Doitsu, gakkō, Kyōto, depāto, konsāto, Tōkyō, eiga, shigoto

f. Ergänzen Sie den Dialog!

A: _____ e ikimasu ka?

B: Iie, ikimasen
A: Ja doko e ikimasu ka?
B: _____ e ikimasu.

A: _____ e ikimashita ka?

B: Iie, ikimasen deshita.
A: Ja doko e ikimashita ka?
B: _____ e ikimashita.

Übung 2

a. Prägen Sie sich die Wörter ein!

tokei (Uhr)
kippu (Fahrkarte, Eintrittskarte)
hon (Buch)
shinbun (Zeitung)
tabako* (Zigarette)
bĭru* (Bier)
pan* (Brot)

batā* (Butter)
kudamono (Obst)
kōhĭ* (Kaffee)
tsukue (Tisch)
isu (Stuhl)
kaban (Tasche)
handobakku*/-baggu (Handtasche)

b. Antworten Sie! **◖●** (1–5)

Nani o kaimasu ka? (kippu)	– Kippu o kaimasu.

kippu, hon, shinbun, tabako, bĭru, pan, batā, kudamono, kōhĭ, kaban, tsukue

c. Antworten Sie! **ＯＯ** (1—5)

Nani o kaimashita ka? (tabako) — Tabako o kaimashita.

tabako, kōhǐ, shinbun, kudamono, hon, batā, kippu, isu, handobakku

d. Bilden Sie Fragesätze!

Bǐru o kaimasu. — Bǐru o kaimasu ka?

1. Pan o kaimasu.   2. Kudamono o kaimashita.   3. Eiga o mimasu.   4. Tabako o kaimasu.   5. Hon o kaimashita.   6. Shinbun o mimashita.   7. Tokei o kaimashita. 8. Batā o kaimasu.   9. Kōhǐ o kaimashita.   10. Shinbun o kaimasu.

e. Ergänzen Sie den Dialog!

A: _____ o kaimasu ka?
B: lie kaimasen.
A: Ja nani o kaimasu ka?
B: _____ o kaimasu.

A: _____ o kaimashita ka?
B: lie, kaimasen deshita.
A: Ja nani o kaimashita ka?
B: _____ o kaimashita.

Übung 3

a. Prägen Sie sich die Wörter ein!

kyō (heute)
asu, ashita (morgen)
asatte (übermorgen)
kinō (gestern)
ototoi (vorgestern)

ima (jetzt)
sakki (kurz vorher)
konshū (diese Woche)
raishū (nächste Woche)
senshū (letzte Woche)

b. Antworten Sie! **ＯＯ**

Itsu eiga ni ikimasu ka? kyō? — Ē, kyō ikimasu.

asu, asatte, ima, ashita, konshū, raishū

c. Antworten Sie mit "ja"! **ＯＯ**

Itsu eiga o mimashita ka? kinō? — Ē, kinō mimashita.

ototoi, sakki, senshū, kyō, kinō

d. Wiederholen Sie Übung c. Antworten Sie mit "nein"!

Itsu eiga ni ikimashita ka? kinō?	— Iie, ototoi ikimashita.

e. Ergänzen Sie den Dialog!

A: _____ hon o kaimasu ka?
B: Iie, kaimasen.
A: Ja itsu kaimasu ka?
B: _____ kaimasu.

A: _____ hon o kaimashita ka?
B: Iie, kaimasen deshita.
A: Ja itsu kaimashita ka?
B: _____ kaimashita.

f. Ergänzen Sie die Fragewörter! (doko, itsu, nani)

Kyō kaisha ni ikimasu.	... kaisha ni ikimasu ka?
Ashita *gakkō* ni ikimasu.	Ashita ... ni ikimasu ka?
Kinō *hon* o kaimashita.	kinō ... o kaimashita ka?
Senshū Ōsaka ni ikimashita.	... Ōsaka ni ikimashita ka?
Ototoi *depāto* ni ikimashita.	Ototoi ... ni ikimashita ka?
Kyō *shigoto* o shimasu.	Kyō ... o shimasu ka?
Sakki shinbun o kaimashita.	... shinbun o kaimashita ka?
Asatte eiga o mimasu.	... eiga o mimasu ka?
Kinō *eiga* o mimashita.	Kinō ... o mimashita ka?
Kinō Ōsaka ni kaerimashita.	... Ōsaka ni kaerimashita ka?

Übung 4

a. Lernen Sie die vier Verbformen!

iku[1] (gehen)
— ikimasu, ikimasen, ikimashita, ikimasen deshita

iku (gehen)	iki-	
kau (kaufen)	kai-	masu
miru (sehen)	mi-	masen
yomu (lesen)	yomi-	mashita
nomu (trinken)	nomi-	masen deshita
kaeru (zurückkehren)	kaeri-	
suru (tun)	shi-	

---

1) *iku* (ebenso *kau, miru* usw.) ist die Grundform des Verbs, wie sie im Wörterbuch angegeben wird, vgl. Lektion 7.

shigoto (o) suru (arbeiten);   benkyō (o) suru (studieren);   kaimono (o) suru (ein-kaufen); sanpo (o) suru (spazieren gehen); doraibu* (o) suru (spazieren fahren)

b. Ergänzen Sie die richtigen Verben!

Kyō nani o shimasu ka? (gakkō)	— Gakkō ni ikimasu.
Kinō nani o shimashita ka? (hon)	— Hon o kaimashita./yomimashita.

Ashita nani o shimasu ka?	Shigoto o _____ .
Kyō nani o shimasu ka?	Depāto ni _____ .
Kinō nani o shimashita ka?	Shinbun o _____.
	Shinbun o _____ .
Ima nani o shimasu ka?	Uchi e _____ .
Ima nani o shimashita ka?	Bĭru o _____ .
	Bĭru o _____ .
Kinō nani o shimashita ka?	Eiga ni _____ .
	Eiga o _____ .
Asatte nani o shimasu ka?	Doraibu o _____ .

c. Ergänzen Sie den Dialog!

A: Asu _____ o shimasu ka?　　　　A: Kinō _____ o shimashita ka?
B: Iie, _____ .　　　　　B: Iie, _____ .
A: Ja nani o shimasu ka?　　　　　　　A: Ja nani o shimashita ka?
B: _____ .　　　　　　　B: _____ .

A: Kyō _____ e kaerimasu ka?　　　　A: Nani o nomimashita ka?
B: Iie, _____ .　　　　　B: _____ o nomimashita.
A: Ja _____ kaerimasu ka?　　　　A: Itsu nomimashita ka?
B: Raishū _____ .　　　　B: _____ .

d. Übersetzen Sie!

A: Kon'nichi wa (Itō-san!).　　　　　　K: Satō-san, kyō benkyō o shimasu ka?
I: Kon'nichi wa.　　　　　　　　　　　S: Iie, ashita shimasu.
A: Kinō eiga ni ikimashita ka?　　　　　K: Ja nani o shimasu ka?
I: Iie, ikimasen deshita.　　　　　　　S: Shinbun o yomimasu.
A: Itsu ikimasu ka?　　　　　　　　　K: Ima kōhĭ o nomimasu ka?
I: Raishū ikimasu.　　　　　　　　　S: Iie, sakki nomimashita.
A: Ima nani o kaimashita ka?　　　　　K: Sō desu ka. Ja uchi e kaerimasu.
I: Kippu o kaimashita.　　　　　　　　　Sayōnara.
A: Sō desu ka.　　　　　　　　　　　　S: Sayōnara.

Kaimono

Kyaku:	Gomen kudasai.
Uriko:	Hai. Irasshaimase.
Kyaku:	Kono ringo ikura desu ka?
Uriko:	Hitotsu 500 en desu.
Kyaku:	Ano ringo wa?
Uriko:	Mittsu 600 en desu.
Kyaku:	Ja sono ringo o muttsu kudasai.
	− Anō kore wa orenji* desu ka?
Uriko:	Iie, orenji ja arimasen.
Kyaku:	Nan desu ka?
Uriko:	Mikan desu.
Kyaku:	Ikura desu ka?
Uriko:	1 pakku 1000 en desu.
Kyaku:	Ja sore o 2 pakku to banana* o 3-bon onegai shimasu.
Uriko:	Hai, hai. − Dōmo omachidōsama. Ringo muttsu to mikan 2 pakku to banana 3-bon deshita ne. Zenbu de 3500 en desu. − Maido arigatō gozaimasu. Mata dōzo.

Kyaku:	Shūkan-Bunshun o 1-satsu kudasai.
Uriko:	Sumimasen. Urikire desu.
Kyaku:	Itsu kimasu ka?
Uriko:	Asu ka asatte kimasu.

B *kaimono:* Einkäufe

kyaku: Kunde

uriko: Verkäufer(in)

gomen kudasai: wörtl. "Gewähren Sie mir bitte Verzeihung." Oft gebraucht beim Betreten eines Hauses oder Ladens.

hai: von einem Verkäufer geäußert bedeutet:

1. daß der Verkäufer auf den Kunden aufmerksam geworden ist und ihn bald bedienen wird,
2. daß der Verkäufer den Wunsch des Kunden verstanden hat,
3. daß der Verkäufer den Wunsch des Kunden erfüllt hat.

irasshaimase: Willkommen!

kono (sono/ano) ringo: dieser Apfel (der da/der da drüben)

ikura desu ka?: Wieviel kostet das?

hitotsu 500 en desu: ein Stück 500 Yen

mittsu: drei (Stück)

muttsu kudasai: Geben Sie mir bitte sechs (Stück)!

anō: eh ...

kore wa orenji desu ka?: Sind das Orangen? (engl. orange)

orenji ja arimasen: Das sind keine Orangen. *ja arimasen* ist die verneinte Form von *desu* (sein).

nan desu ka: Was ist das?

mikan desu: Das sind Mandarinen.

1 pakku: 1 Packung

to: und

banana 3-bon: 3 Bananen (engl. banana)

onegai shimasu: höfl. 'bitte'

dōmo omachidōsama: Verzeihung! Ich habe Sie lange warten lassen.

... deshita ne: es waren ..., nicht wahr? *deshita* ist die Vergangenheitsform von *desu*, verneinte Form: *ja arimasen deshita*

zenbu de 3500 en desu: Das macht zusammen 3500 Yen.

maido arigatō gozaimasu: von Verkäufern den Kunden gegenüber häufig gebrauchte Dankesformel. Darauf folgt oft: *mata dōzo* 'Kommen Sie bitte wieder!'

arigatō gozaimasu: Danke schön!; Kurzform: *arigatō*

shūkan-Bunshun: Name einer Wochenzeitschrift

-satsu: Zählwort für Bücher, Zeitschriften, Hefte

sumimasen: hier bedeutet es 'es tut mir leid'

urikire desu: Das ist ausverkauft.

itsu kimasu ka?: hier bedeutet es 'Wann wird diese Zeitschrift (wieder) geliefert?'

asu ka asatte: entweder morgen oder übermorgen

1. Demonstrativpronomen und Fragepronomen

a. "kono, sono, ano; dono"

Kono Sono Ano	} ringo ikura desu ka?	Wieviel kosten	} diese jene Äpfel? jene
Dono	ringo desu ka?	Welche Äpfel?	

kono, sono und *ano* sind Demonstrativwörter in Verbindung mit Nomen. *kono* bedeutet "dieser", *sono* und *ano* bedeuten "jener" mit dem Unterschied, daß *sono* dem Sprecher örtlich nähere und *ano* dem Sprecher örtlich fernere Personen oder Gegenstände bezeichnet. *dono* ist ein Fragewort in Verbindung mit einem Nomen.

b. "kore, sore, are; dore"

Kore Sore Are	} wa nan desu ka?	Was ist das (da)?
Dore	desu ka?	Welches (meinen Sie)?

kore, sore, are sind nominale Demonstrativwörter. *kore* weist auf Gegenstände oder Personen in unmittelbarer Nähe des Sprechers, *sore* und *are* auf entferntere hin, vgl. *sono* und *ano. dore* ist ein nominales Fragewort für Gegenstände, "welch-?". (Fragewort für Personen s. L. 3)

2. Grundzahlen von 1–100 **◑ ◐**

1	hitotsu	ichi	11	jū-ichi	
2	futatsu	ni	12	jū-ni	
3	mittsu	san	13	jū-san	
4	yottsu	shi/yon	14	jū-shi/-yon	
5	itsutsu	go	15	jū-go	
6	muttsu	roku	16	jū-roku	
7	nanatsu	shichi/nana	17	jū-shichi/-nana	
8	yattsu	hachi	18	jū-hachi	
9	kokonotsu	ku/kyū	19	jū-ku/-kyū	
10	tō	jū	20	ni-jū	

Für die Grundzahlen von 1 bis 10 gibt es zwei Zahlenbezeichnungen, eine rein japanische (*hitotsu, futatsu* usw. Fragewort: *ikutsu*) und eine sino-japanische. Von 11 ab gibt es nur sino-japanische Zahlenbezeichnungen. **Q O**

21	nijū-ichi	31	sanjū-ichi
22	nijū-ni	32	sanjū-ni
23	nijū-san	40	yon-jū/shi-
24	nijū-shi/-yon	50	go-jū
25	nijū-go	60	roku-jū
26	nijū-roku	70	shichi-jū/nana-
27	nijū-shichi/-nana	80	hachi-jū
28	nijū-hachi	90	kyū-jū
29	nijū-ku/-kyū	99	kyū-jū-kyū
30	san-jū	100	hyaku

3. Die Grundzahlen über 100 **Q O**

100	hyaku	1,000	sen/issen
200	nihyaku	3,000	*sanzen*
300	*sanbyaku*	10,000	man/ichiman
600	*roppyaku*	100,000	jūman
800	*happyaku*	1,000,000	hyakuman

2,536,478 = nihyaku-gojū-san-man-roku-sen-yon-hyaku-nana-jū-hachi

4. Geld—"en"

1 yen	ichi **en**	312 yen	sanbyaku-jūni **en**
4 yen	yo **en**	633 yen	roppyaku-sanjūsan **en**
7 yen	nana **en**	555 yen	gohyaku-gojūgo **en**
9 yen	kyū **en**	3 898 yen	sanzen-happyaku-kyūjū hachi **en**

5. Zählwörter

für	Bücher	flache Dinge	lange, schlanke Dinge
	-satsu	-mai	-hon
wie viele?	nan-satsu	nan-mai	nan-**bon**
1	is-satsu	ichi-mai	ip-**pon**
2	ni-satsu	ni-mai	ni-hon
3	san-satsu	san-mai	san-**bon**
4	yon-satsu	yon-mai	yon-hon
5	go-satsu	go-mai	go-hon
6	roku-satsu	roku-mai	rop-**pon**
7	nana-satsu	nana-mai	nana-hon
8	has-satsu	hachi-mai	hap-**pon**
9	kyū-satsu	kyū-mai	kyū-hon
10	jus-satsu	jū-mai	jup-**pon**

Um Dinge zu zählen, verbindet man die sino-japanischen Zahlen mit sog. Zählwörtern. Die wichtigsten werden nach und nach in den Übungen eingeführt.

6. Die Verbindung von zwei Nomina: "to" (und) und "ka" (entweder ... oder)

Ringo **to** banana o kaimasu.	Ich kaufe Äpfel und Bananen.
Kyōto **to** Nara ni ikimasu.	Ich gehe nach Kyōto und Nara.
Kyō **to** asu (wa) gakkō ni ikimasen.	Heute und morgen gehe ich nicht in die Schule.
Ringo **ka** banana o kaimasu.	Ich kaufe entweder Äpfel oder Bananen.
Kyōto **ka** Nara ni ikimasu.	Ich gehe entweder nach K. oder nach N.
Kyō **ka** asu (wa) gakkō ni ikimasu.	Entweder heute oder morgen gehe ich in die Schule.

Übung 1

D

a. Prägen Sie sich die Wörter ein!

ringo (Apfel)
nashi (Birne)
mikan (Mandarine)
o-kashi/kēki* (Süßigkeiten, Kuchen)

tamago (Ei)
haizara (Aschenbecher)
matchi* (Streichhölzer)

raitā* (Feuerzeug)
sekken (Seife)
koppu* (Glas)

b. Dialogübung:

nashi
A: Sore wa nan desu ka?
B: Kore desu ka?
A: Ē.
B: Kore wa nashi desu.

mikan, okashi, haizara, raitā, sekken

c. Dialogübung:

haizara
A: Are wa haizara desu ka?
B: Dore desu ka? Kore?
A: Iie, sore ja arimasen, are desu.
B: Ā, are wa haizara ja arimasen.

orenji, tabako, okashi, batā, kudamono

d. Zählen Sie von 1—10 (hitotsu, futatsu ...)!

e. Ergänzen Sie und lesen Sie!

1. Matchi hitotsu (1) kudasai.   Dono matchi desu ka?
2. Sekken _____ (4) _____.   Dono _____?
3. Pan _____ (2) _____.   Dono _____?
4. Mikan _____ (9) _____.   Dono _____?
5. Nashi _____ (10) _____.   Dono _____?
6. Tamago _____ (6) _____.   Dono _____?
7. Ringo _____ (8) _____.   Dono _____?
8. Kēki _____ (5) _____.   Dono _____?
9. Tabako _____ (7) _____.   Dono _____?
10. Koppu _____ (3) _____.   Dono _____?

Übung 2

a. Prägen Sie sich die Wörter ein!

hagaki (Postkarte); ehagaki (Ansichtskarte); kitte (Briefmarke); rekōdo* (Schallplatte), e (Bild); hankachi* (Taschentuch); taoru* (Handtuch); waishatsu* (Oberhemd); burausu* (Bluse); kippu (Fahrkarte/Eintrittskarte)

b. Antworten Sie mit "ja"! **oo**

| Kono hagaki deshita ka? | — Ē, sono hagaki deshita. |

1. Kono ehagaki deshita ka? 2. Kono kitte deshita ka? 3. Kono rekōdo deshita ka? 4. Kono e deshita ka?

c. Antworten Sie mit "nein"! **oo**

Kono hankachi deshita ka?
— Iie, sono hankachi ja arimasen deshita.

1. Kono taoru deshita ka? 2. Kono waishatsu deshita ka? 3. Kono burausu deshita ka? 4. Kono kippu deshita ka?

d. Zählen Sie von 1—10 (ichi, ni ...)!

e. Zählen Sie von 1—10 mit dem Zählwort *-mai* (ichimai, nimai ...)!

f. Ergänzen Sie und lesen Sie!
1. Hagaki o (3) sanmai kaimashita. 2. Ano ehagaki _____ (6) _____ kudasai. 3. Kono kitte _____ (9) _____ kudasai. 4. Taoru _____ (8) _____ kaimasu. 5. Rekōdo _____ (4) _____ kikimashita. 6. E _____ (5) _____ kaimashita. 7. Hankachi _____ (7) _____ kaimasu. 8. Sono waishatsu _____ (2) _____ kudasai. 9. Sono burausu _____ (1) _____ kudasai. 10. Kippu _____ (10) _____ kaimashita.

Übung 3

a. Zählen Sie von 10—100!

b. Lesen Sie!

4, 7, 1, 8, 2, 5, 9, 3, 10, 6, 15, 31, 25, 52, 77, 81, 62, 49, 98, 19
200, 300, 400, 500, 600, 700, 800, 900, 1000, 3000,
385, 687, 796, 434, 7 991, 4 178, 1 963, 3 333, 5 645, 6 666, 3 758, 6 109

c. Zählen Sie von 1—10 mit dem Zählwort *-satsu* (issatsu, ni satsu ...)!

d. Prägen Sie sich die Wörter ein!

hon (Buch)
nōto* (Heft)
techō (Notizbuch)
zasshi (Zeitschrift)

shūkanshi (Wochenschrift)
denwachō (Telefonbuch)
jisho/jibiki (Wörterbuch)

arubamu* (Album)
binsen (Briefpapier)
nikki(chō) (Tagebuch)

e. Ergänzen Sie und lesen Sie! 🔉

1. Nōto o (5) gosatsu kudasai. Ikura desu ka?   550 en desu.
2. Techō o (3) _____ . _____ ?   330 en _____ .
3. Zasshi o (4) _____ . _____ ?   740 en _____ .
4. Jibiki o (1) _____ . _____ ?   6,660 en _____ .
5. Hon o (2) _____ . _____ ?   3,290 en _____ .
6. Shūkanshi o (8) _____ . _____ ?   880 en _____ .
7. Arubamu o (6) _____ . _____ ?   16,000 en _____ .
8. Binsen o (1) _____ . _____ ?   110 en _____ .
9. Nikkichō o (7) _____ . _____ ?   4,970 en _____ .
10. Zasshi o (1) _____ . _____ ?   420 en _____ .

Übung 4

a. Prägen Sie sich die Wörter ein!

enpitsu (Bleistift)
man'nenhitsu (Füller)
bōrupen* (Kugelschreiber)
nekutai* (Krawatte)
hana (Blume)

tabako (Zigarette)
miruku*/gyūnyū (Milch)
jūsu* (Saft)
osake (Reiswein)
banana (Banane)

b. Zählen Sie von 1–10 mit dem Zählwort -hon (ippon, nihon, sanbon …)!

c. Ergänzen Sie und lesen Sie! 🔉

1. Man'nenhitsu (1) ippon ikura desu ka?   2. Sono hana (7) _____ kudasai.
3. Enpitsu (8) _____ kaimashita.   4. Bōrupen (5) _____ kaimasu.
5. Nekutai (9) _____ kudasai.   6. Tabako (1) _____ kudasai.
7. Miruku (2) _____ nomimashita.   8. Jūsu (4) _____ kudasai.
9. Osake (6) _____ nomimashita.   10. Banana (3) _____ ikura desu ka?

d. Finden Sie die richtigen Zählwörter!

Ringo (hitotsu) kudasai.   Kitte (nanmai) kaimashita ka?

Ringo ⎫
Zasshi ⎪
Tabako ⎬ (1) kudasai.
Hagaki ⎭

Kitte ⎫
Nekutai ⎪
Jibiki ⎬ (wie viele?) kaimashita ka?
Raitā ⎭

Übung 5

a. Antworten Sie! **Q O**

Itsu Ōsaka e ikimasu ka? (konshū — raishū)
— Konshū ka raishū ikimasu.

1. Raishū doko e ikimasu ka? (Kyōto — Ōsaka)   2. Nani o nomimasu ka? (jūsu
— kōhi)   3. Ikutsu kēki o tabemasu ka? (hitotsu — futatsu)   4. Kyō nanbon tabako o nomimashita ka? (10-pon — 15-hon)   5. Konshū hon o nansatsu yomimashita ka? (3-satsu - 4-satsu)

b. Antworten Sie! **Q O**

Nani to nani o kaimasu ka? (hon — nōto)
— Hon to nōto o kaimasu.

1. Nani to nani o kaimashita ka? (sekken — taoru)   2. Nani to nani o yomimasu
ka? (shinbun — zasshi)   3. Doko to doko e ikimashita ka? (Hiroshima — Nagasaki)   4. Itsu to itsu kaimono ni ikimashita ka? (kinō – ototoi)   5. Dore to dore o
kaimasu ka? (kore — sore)

c. Übersetzen Sie!

A: Kinō depāto e ikimashita.
B: Nani o kaimashita ka?
A: Waishatsu 2-mai to nekutai 1-pon kaimashita.
B: Ikura deshita ka?
A: Zenbu de 7,850 en deshita.

3 Shibaraku desu ne

A

Sumisu*: Yamada-san!

Yamada: Yā, Sumisu-san, shibaraku desu ne. O-genki desu ka?

Sumisu: E, arigatō gozaimasu. Yamada-san wa?

Yamada: Arigatō, aikawarazu desu. – Sumisu-san, go-shōkai shimasu. Kochira Myurā-san ...

Sumisu: Hajimemashite. Sumisu desu.

Myurā*: Myurā desu. Dōzo yoroshiku.

Sumisu: O-kuni wa dochira desu ka?

Myurā: Doitsu* desu. Bon* kara kimashita. Sumisu-san wa?

Sumisu: Watashi wa Amerika* desu.

Myurā: Sō desu ka.

Sumisu: Myurā-san wa sensei desu ka?

Myurā: Ē, daigaku de doitsugo o oshiete imasu. Sumisu-san wa?

Sumisu: Watakushi desu ka? Kaishain desu.

Yamada: Tokorode Sumisu-san, kore kara kaisha desu ka?

Sumisu: Iie, kanai to kabuki ni ikimasu.

Yamada: Kaisha wa?

Sumisu: Doyōbi wa itsumo yasumi desu.

Yamada: Sō desu ka.

Sumisu: Sumimasen, ima nanji desu ka?

Yamada: 5-ji han desu. Kabuki wa nanji kara desu ka?

Sumisu: 6-jikara desu.

Yamada: Jā mata. Okusan ni yoroshiku.

Sumisu: Smith

Myurā: Müller

B

shibaraku desu ne: Grußformel, wenn man jemand nach langer Zeit trifft. Die Partikel *ne* am Ende kann auch wegfallen; sie gibt der Formel einen Gefühlsakzent der Zustimmung.

yā: Ausruf der Überraschung oder Freude bei einer unerwarteten Begegnung, nur von Männern gebraucht. Frauen sagen stattdessen *mā.*

o-genki desu ka: Frage nach dem Befinden. 'Geht es Ihnen gut?' Dem Wort *genki* (gesund) ist das Höflichkeitspräfix *o* vorgesetzt, weil man sich nach der Gesundheit des Gesprächspartners erkundigt. Bei der Antwort darauf entfällt *o: genki desu.*

Yamada-san wa?: hier bedeutet es 'Und Sie, Herr/Frau/Frl. Yamada?'

aikawarazu desu: wie immer; wie üblich

go-shōkai shimasu: darf ich bekannt machen

kochira Myurā-san: Das ist Herr/Frau/Frl. Müller.

hajimemashite: wörtl. 'zum erstenmal'; häufig bei der ersten Vorstellung gebrauchte Formel. Wenn man seinen Namen genannt hat, endet man mit *dōzo yoroshiku.* Es entspricht dem deutschen 'Sehr angenehm!'

o-kuni wa dochira desu ka: Woher sind/stammen/kommen Sie? Zu einem Ausländer: Was ist Ihre Nationalität? Aus welchem Land kommen Sie?

Doitsu: Deutschland (holländisch: Duits)

Bon kara kimashita: Ich komme aus Bonn.

watashi wa Amerika desu: bedeutet hier 'Ich komme aus Amerika.'

Myurā-san wa sensei desu ka: Sind Sie Lehrer, Herr Müller?

daigaku de: an der Universität

doitsugo o oshiete imasu: Ich unterrichte Deutsch. (s. S. 73 "-te"-Form)

kaisha-in: Firmenangestellter; *kaisha* bedeutet 'Firma'

tokoro de: nun; übrigens

kore kara kaisha desu ka: bedeutet hier 'Gehen Sie jetzt ins Geschäft?'

kanai to: mit meiner Frau; *okusan to:* mit Ihrer Frau

kabuki: Kabuki-Theater

doyōbi wa itsumo yasumi desu: Samstags haben wir immer frei.

sumimasen: bedeutet hier 'Verzeihung!'

ima nanji desu ka: Wie spät ist es jetzt?

5-ji han desu: Es ist halb sechs.

kabuki wa nanji kara desu ka: Um wieviel Uhr beginnt das Kabuki-Theater?

ja mata: also dann; Abschiedsformel

okusan ni yoroshiku: Grüßen Sie bitte Ihre Frau von mir!

C 1. Die Partikel "wa"

Thema	Frage oder Aussage	
Satō-san **wa**? Satō-san **wa**	Eiga ni ikimasu ka? Ē, ikimasu. ikimasen.	Gehen Sie ins Kino? Ja, ich gehe (ins Kino). Und Herr Satō? Herr Satō geht nicht.
Hon **wa**? Hon **wa**	Shinbun o kaimashita ka? Ē, kaimashita. kaimasen deshita.	Haben Sie die Zeitung gekauft? Ja, ich habe sie gekauft. Und das Buch? Das habe ich nicht gekauft.
Ashita **wa**? Ashita **wa**	Kyō benkyō o shimasu ka? Ē, shimasu. shimasen.	Lernen Sie heute? Ja, ich lerne (heute). Und morgen? Morgen lerne ich nicht.
Abe-san **wa** Itō-san **wa**	doko ni ikimasu ka? Kabuki ni ikimasu. nani o shimasu ka? Terebi* o mimasu.	Wohin geht Herr Abe? Er geht zum Kabuki-Theater. Was macht Herr Ito? Er sieht fern.
Kippu **wa** Kabuki **wa**	itsu kaimashita ka? Sakki kaimashita. itsu mimasu ka? Asatte mimasu.	Wann haben Sie die Karte gekauft? Kurz vorher (habe ich sie gekauft). Wann sehen Sie Kabuki? Übermorgen sehe ich es.
Ashita **wa** Kinō **wa**	nani o shimasu ka? Doraibu o shimasu. doko ni ikimashita ka? Kaimono ni ikimashita.	Was machen Sie morgen? Ich mache eine Autofahrt. Wohin sind Sie gestern gegangen? Ich bin einkaufen gegangen.

Die Hauptfunktion der Partikel *wa* ist die Herausstellung des Satzthemas oder der Sache, über die der Sprecher reden will. Dieses Thema ist häufig auch das Subjekt des Satzes, es kann aber jeder Teil des Satzes zum Thema werden. Wenn das Thema schon bekannt ist, wird es nicht wiederholt, es sei denn, man will es besonders betonen.

2. Personalpronomen

Singular		Plural	
watakushi/watashi	ich	watakushi/watashi-tachi/domo	wir
anata	Sie, du	anata-tachi/-gata	Sie, ihr
kono kata		kono kata-tachi/-gata	
sono kata	er, sie	sono kata-tachi/-gata	sie
ano kata		ano kata-tachi/-gata	

a. Die Demonstrativpronomen *kono, sono* und *ano* mit Wörtern wie *kata* oder *hito* bilden eine Umschreibung von "er, sie".

b. Die Pluralendung *-domo* wird nur bei der 1. Person gebraucht; für die 2. und 3. Person werden entweder *-tachi* oder *-gata* gebraucht.

c. Das entsprechende Fragepronomen ist *dono* (*dono kata/dono hito*; Pl. *dono katagata/dono katatachi*)

d. Das Fragepronomen "wer" = *donata/dare*; "Wer ist das?" = *Ano kata wa donata desu ka?* (Diese Form ist höflicher als die auch übliche Form: *Ano hito wa dare desu ka?*)

e. Zur Anrede:

Die Anrede *anata, anata wa* wird meist nur unter Bekannten und Freunden verwendet.

Handelt es sich bei dem Gesprächspartner um Professoren, Lehrer oder Ärzte, so redet man die Person mit *sensei* an.

Handelt es sich nicht um den oben genannten Personenkreis und ist einem der Name des Gesprächspartners bekannt, dann bevorzugt man in der Anrede den Namen.

Ist der Name nicht bekannt, so vermeidet man die direkte Anrede *anata* und nimmt die höfliche Pronominalform *sochira*.

3. Die Partikel "kara"

Doko **kara** kimashita ka?	Woher kommen Sie?
Doitsu **kara** kimashita.	Ich komme aus Deutschland.
Itsu **kara** gakkō ni ikimasu ka?	Ab wann gehen Sie in die Schule?
Ashita **kara** ikimasu.	Ab morgen gehe ich.

Itsu **kara** byōki desu ka?	Seit wann sind Sie krank?
Kinō **kara** byōki desu.	Seit gestern bin ich krank.
Ima **kara** ginkō ni ikimasu.	Jetzt gehe ich zur Bank.

Die Partikel *kara* bezeichnet einen örtlichen oder zeitlichen Punkt, von dem aus eine Handlung oder ein Zustand beginnt.

4. Die Partikel "de"

Doko **de** kaimashita ka?	Wo haben Sie das gekauft?
Depāto **de** kaimashita.	Im Warenhaus habe ich das gekauft.
Doko **de** oshiete imasu ka?	Wo unterrichten Sie?
Daigaku **de** oshiete imasu.	An der Universität (unterrichte ich).
Nan/nani **de** ikimasu ka?	Womit fahren Sie?
Basu* **de** ikimasu.	Mit dem Bus.
Nan/nani **de** tabemasu ka?	Womit essen Sie?
Ohashi **de** tabemasu.	Mit Eßstäbchen.

Die Partikel *de* gibt den Ort an, wo eine Handlung geschieht. Darüber hinaus gibt sie auch das Mittel oder Instrument an, mit dem eine Handlung ausgeführt wird (*nan de* oder *nani de* → womit).

5. Uhrzeiten ○○

1.01 Uhr	ichi-**ji**	ip-**pun**	(sugi)
2.02	ni-**ji**	ni-**fun**	(sugi)
3.03	san-**ji**	san-**pun**	(sugi)
4.04	yo-**ji**	yon-**pun**	(sugi)
5.05	go-**ji**	go-**fun**	(sugi)
6.06	roku-**ji**	rop-**pun**	(sugi)
7.07	shichi-**ji**	nana-**fun**/shichi-**fun**	(sugi)
8.08	hachi-**ji**	hap-**pun**/hachi-**fun**	(sugi)
9.09	ku-**ji**	kyū-**fun**	(sugi)
10.10	jū-**ji**	jup-**pun**/jip-**pun**	(sugi)
11.15	jūichi-**ji**	jūgo-**fun**	(sugi)
11.30	jūichi-**ji**	sanjup-**pun**/sanjip-**pun**	(sugi)
	jūichi-**ji**	**han**	

11.35	jūichi-ji	sanjūgo-**fun**	(sugi)
11.40	jūichi-ji	yonjup-**pun**/yonjip-**pun**	(sugi)
	jūni-ji	nijup-**pun**/nijip-**pun**	mae
11.45	jūichi-ji	yonjūgo-**fun**	(sugi)
	jūni-ji	jūgo-**fun**	mae
11.50	jūichi-ji	gojup-**pun**/gojip-**pun**	(sugi)
	jūni-ji	jup-**pun**/jip-**pun**	mae

-ji = ... Uhr, *-fun (-pun)* = ... Minute(n), *-byō* = ... Sekunde(n)
sugi = nach (*sugi* kann immer weggelassen werden)
mae = vor (*mae* darf nicht weggelassen werden)
han = halb, *-jikan* = ... Stunde(n)

6. Wochentage

nichiyōbi	Sonntag	mokuyōbi	Donnerstag
getsuyōbi	Montag	kin'yōbi	Freitag
kayōbi	Dienstag	doyōbi	Sonnabend
suiyōbi	Mittwoch	nan'yōbi	was für ein Tag

Die Endung *bi* kann man beim Gespräch weglassen.

Übung 1

a. Bilden Sie Sätze! **O O**

| Abe-san | — Abe-san wa sensei desu ka? |

Etō-san, ano kata, anatagata, Myurā-san, sono hitotachi, kono kata

b. Bilden Sie Sätze!

| Satō-san | — Satō-san wa sakki uchi ni kaerimashita. |

Itō-san, sono kata, sensei, ano katagata, Buraun*-san

c. Bilden Sie Sätze! 🔘🔘

benkyō	— Benkyō wa itsu shimasu ka?

shigoto, doraibu, kaimono, sanpo, tenisu*, futtobōru*

Übung 2

a. Dialogübung:

A: Gakkō ni ikimasu ka?
B: Ē, ikimasu.
A: Yamada-san wa?
B: Yamada-san wa ikimasen.

1. Kaisha ni ikimasu ka? (Ē, _____.) Katō-san wa? (Katō-san _____.)
2. Shinbun o yomimasu ka? (Ē, _____.) Hon wa? (Hon _____.)
3. Abe-san wa eiga o mimasu ka? (Ē, _____.) Anata wa? (Watakushi _____.)
4. Kyō kaimono o shimasu ka? (Ē, _____.) Asu wa? (Asu _____.)
5. Kōhī o nomimasu ka? (Ē, _____.) Bīru wa? (Bīru _____.)

b. Wiederholen Sie Übung a. in der Vergangenheitsform:

Kyō kaimono o shimashita ka?	— Ē, shimashita.
Kinō wa?	— Kinō wa shimasen deshita.

c. Ergänzen Sie die Sätze!

Kinō wa hon o kaimashita.

_____ yomimashita.

Kyō _____ .

_____ mimasu.

_____ eiga _____ .

Asu _____ .

_____ ni ikimasu.

_____ ongakkai _____ .

_____ Ōsaka _____ .

_____ kaerimasu.

Kabuki wa kinō mimashita.

Eiga _____ .

_____ kyō _____ .

Watashi _____ .

_____ ikimasu.

Kyō wa pan o tabemashita.

_____ nani _____ ka?

_____ mimashita ka?

Anata _____ ?

_____ terebi _____ ?

d. Antworten Sie mit "nein"!

Kyō pan o kaimasu ka?	– Iie, kyō wa kaimasen.

1. Raishū gakkō ni ikimasu ka? 2. Kyō uchi ni kaerimasu ka? 3. Kinō benkyō o shimashita ka? 4. Ototoi eiga o mimashita ka? 5. Asatte doraibu o shimasu ka? 6. Ima tokei o kaimasu ka? 7. Asu kaisha ni ikimasu ka?

e. Antworten Sie mit "nein"! (1–5)

Bīru o nomimashita ka?	– Iie, bīru wa nomimasen deshita.

1. Terebi o mimasu ka? 2. Kōhī o nomimashita ka? 3. Tokei o kaimasu ka? 4. Shinbun o yomimasu ka? 5. Tabako o kaimashita ka? 6. Shigoto o shimasu ka? 7. Kaimono o shimashita ka? 8. Kabuki o mimashita ka?

Übung 3

a. Prägen Sie sich die Wörter ein!

Länder		Nationalität	Sprache
Deutschland:	Doitsu	doitsu-jin	doitsu-go
Österreich:	Ōsutoria*	ōsutoria-jin	doitsu-go
Schweiz:	Suisu*	suisu-jin	doitsu-go
Japan:	Nihon/Nippon	nihon-/nippon-jin	nihon-go
Frankreich:	Furansu*	furansu-jin	furansu-go
Italien:	Itarī*	itarī-jin	itarī-go
Amerika:	Amerika	amerika-jin	ei-go
England:	Eikoku/Igirisu*	eikoku-/igirisu-jin	ei-go

b. Tauschen Sie die Ländernamen aus und ergänzen Sie die zugehörige Nationalität und Sprache!

A: Okuni wa dochira desu ka?
B: *Doitsu* desu.
A: Ja *doitsujin* desu ne?
B: Ē, sō desu. *Doitsugo* o oshiete imasu.

Nihon, Furansu, Itarī, Ōsutoria, Amerika, Eikoku, Suisu

c. Antworten Sie, wann Sie arbeiten!

Itsu kara shigoto o shimasu ka? (kyō)
— Kyō kara shimasu.

ashita, raishū, asatte, konshū, ima

d. Ergänzen Sie!

Itsu kara byōki desu ka?
Kinō _____ .
Ototoi _____ .
Kayōbi _____ .
_____ gakkō _____ ?
_____ shigoto _____ ?
Kyō _____ .
Kore _____ .

Ima kara kaimono ni ikimasu.
_____ doko _____ ka?
_____ Ōsaka _____ .
Asu _____ .
_____ kaisha _____ .
_____ gakkō _____ .
Raishū _____ .
Itsu _____ ka?

Übung 4

a. Antworten Sie!

Ima nanji desu ka? (8.55)
— Hachiji gojūgofun (sugi) desu.
— Kuji gofun mae desu.

2.05; 11.00; 3.45; 1.18; 2.15; 5.50; 7.30; 9.59; 6.00; 4.01; 3.44; 10.27

b. Fragen und antworten Sie! ◖◗

eiga — 11
— Eiga wa nanji kara desu ka?
— Jūichiji kara desu.

ginkō — 9; kabuki — 4.30; depāto — 10; kaisha — 8.45; gakkō — 7.15

c. Prägen Sie sich die Wörter ein!

basu (Bus)*
densha (Straßenbahn)
chikatetsu (U-Bahn)
J. R. sen (Japan railway)
takushī* (Taxi)

fune (Schiff)
hikōki (Flugzeug)
kisha (Zug)
jidōsha/kuruma (Auto)
aruite ikimasu (zu Fuß gehen)

d. Antworten Sie, mit welchem Verkehrsmittel Sie fahren! ⦿⦿ (1–5)

> Nan de ikimasu ka? (basu)   — Basu de ikimasu.

densha, kokuden, chikatetsu, takushi, fune, hikōki, kisha, kuruma.

e. Antworten Sie!

> Doko de sono eiga o mimashita ka? (Tōkyō)
> — Tōkyō de mimashita.

1. Doko de kono raitā o kaimashita ka? (depāto)   2. Doko de sore o tabemashita ka? (Teikoku hoteru*)   3. Sono hon wa doko de yomimashita ka? (gakkō) 4. Kinō wa doko de osake o nomimashita ka? (uchi)   5. Anata wa doko de nihongo o benkyō shimashita ka? (daigaku)

f. Ergänzen Sie den Dialog!

A: Kyō wa nanyōbi desu ka?
B: _____ desu.
A: Asu wa?
B: Asu wa _____ desu.
A: Ja asatte wa?
B: Asatte wa _____ desu.

A: Kinō wa nanyōbi deshita ka?
B: _____ deshita.
A: Ototoi wa?
B: Ototoi wa _____ deshita.
A: Ja kyō wa?
B: Kyō wa _____ desu.

g. Setzen Sie die richtige Partikel ein! *(de, e/ni, ka, kara, o, to, wa)*

1. Kore ____ ringo desu ka?
2. Basu ____ ikimashita.
3. Abe-san ____ kinō Ōsaka ____ kaerimashita.
4. Kono tokei ____ Ōsaka ____ kaimashita.
5. Shinbun ____ hon ____ yomimasu.
6. Sumisu-san ____ doko ____ kimashita ka?
7. Kinō ____ uchi ____ nani ____ shimashita ka?
8. Buraun-san ____ Shumitto*-san ____ doitsujin desu.
9. Sumisu-san ____ taishikan ____ nan ____ ikimashita ka?
10. Basu ____ takushi ____ ikimashita.

4 Kissaten de I

A

uētā*:	Irasshaimase.
Ishii:	Kōhī futatsu to kēki futatsu one-gai shimasu.
uētā:	Kashikomarimashita.
Buraun:	Kono kissaten wa shizuka desu ne. Yoku irasshaimasu ka?
Ishii:	Tokidoki kimasu.
uētā:	Omatase itashimashita.

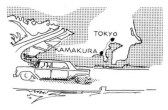

Ishii:	Kinō wa ii o-tenki deshita ne. Nani o nasaimashita ka?
Buraun:	Atarashii kuruma de Kamakura ni doraibu shimashita.

Ishii:	Sō desu ka. Yoku doraibu o nasaimasu ka?
Buraun:	Ē, yoku shimasu.
Ishii:	Kamakura wa dō deshita ka?
Buraun:	Mada sukoshi samukatta desu ga ...
Ishii:	Nani o goran ni narimashita ka?
Buraun:	Daibutsu to o-tera o takusan mi-mashita.
Ishii:	Yūmei na Kenchō-ji wa?
Buraun:	Mochiron mimashita. Sore kara Tsu-rugaoka-Hachiman-gū ni ikimashita.

Ishii:	Kenchō-ji kara amari tōku arima-sen ne.
Buraun:	Ē, chikai desu. Soko de ōki na ichō no ki o mimashita.
Ishii:	Ano ichō no ki no hanashi o kikima-shita ka?
Buraun:	Ē, taihen omoshiroi desu ne.

kissaten de: im Café

B

Buraun: Braun

uēta: Kellner (engl. waiter); *uē toresu* *: Kellnerin (engl. waitress)

kōhi futatsu to kēki futatsu: zweimal Kaffee (engl. coffee) und zweimal Kuchen (engl. cake)

kashikomarimashita: von Verkäufern, Kellnern usw. gebraucht, entspricht dem deutschen 'Jawohl' oder 'Wie Sie wünschen!'

shizuka: ruhig

yoku: oft

irasshaimasu, irasshaimashita (irassharu): bedeutet hier 'kommen'; höfliche Form für *kimasu, kimashita*

tokidoki: manchmal; ab und zu

omatase itashimashita: Entschuldigungsformel, wenn man jemand warten ließ.

kinō: gestern

ii o-tenki: gutes Wetter

nasaimasu, nasaimashita (nasaru): tun; machen; höfliche Form für *shimasu; shimashita*

atarashii kuruma de: mit dem neuen Wagen

Kamakura: 51 km von Tokyo an der Sagami-Bucht gelegen; von 1192 bis 1333 war Kamakura Sitz der Militärregierung. Damals wurde der Zen-Buddhismus aus China nach Japan eingeführt, dessen Mönche in Kamakura große Tempel errichteten. Die Stadt hat bis heute viele Bauten aus dieser Blütezeit (65 Tempel, 19 Shinto-Schreine) bewahrt.

doraibu shimashita: Ich habe eine Fahrt (engl. drive) gemacht.

dō deshita ka: Wie war es?

mada sukoshi samukatta desu: Es war noch ein wenig kalt.

goran ni narimasu, goran ni narimashita (goran ni naru): sehen; höfliche Form für *mimasu, mimashita*

daibutsu: die große Buddhastatue

o- vor vielen Wörtern: ein Höflichkeitspräfix, das nicht übersetzt wird. Beispiel: *o-tenki* 'Wetter'; *o-tera* 'Tempel'

takusan: viel

yūmei na Kenchō-ji: der bekannte Kencho-ji, der erste aller Zen-Tempel in Kamakura, gegründet 1253

mochiron: natürlich; selbstverständlich

Tsurugaoka-Hachiman-gū: ein Shinto-Schrein, der ca. 600 m vom Kencho-ji entfernt steht. Dieser Schrein wurde 1063 errichtet und 1191 an den jetzigen Platz verlegt. Er ist dem Kaiser *Ōjin* geweiht, der 201–310 gelebt haben soll und der als Kriegsgott *Hachiman* in das Shinto-Pantheon aufgenommen wurde.

kara: von

amari tōku arimasen: es ist nicht so weit

chikai desu: es ist nah

soko de: dort; da

ōki na ichō no ki: ein großer Ginkgo-Baum

ichō no ki no hanashi: die Episode dieses Ginkgo-Baums: Hinter dem riesigen Ginkgo-Baum am Fuß der Treppe zum Tsurugaoka-Hachiman-Schrein verbarg sich der Hauptpriester des Schreins, um seinen Onkel *Minamoto Sanetomo* (1192–1219) zu ermorden, als dieser von einem Besuch des Schreins zurückkehrte.

kikimashita ka: haben Sie gehört

taihen omoshiroi: sehr interessant

1. Wirkliche Adjektive

atarashi-i kuruma	ein neuer Wagen
furu-i o-tera	ein alter Tempel
tō-i machi	eine weit entfernte Stadt
ōki-i ki	ein großer Baum
chiisa-i uchi	ein kleines Haus

Wirkliche Adjektive enden auf *-i*, dem ein *a, i, o* oder *u* vorausgeht.

2. Quasi-Adjektive

iroiro na o-tera	verschiedene Tempel
kirei na hana	schöne Blumen
suki na hito	ein Mensch, den man liebt
ōki na ki	ein großer Baum
chiisa na uchi	ein kleines Haus

Quasi-Adjektive sind Nominalformen, die durch die folgende Partikel *na* zu Adjektiven werden. Die beiden wirklichen Adjektive *ōkii* und *chiisai* haben im Präsens auch die quasi-adjektivischen Formen *ōki na* und *chiisa na*.

3. Gebrauch des Adjektivs

Oishii kōhi o nomimasu.	Ich trinke guten Kaffee.
Koko no kōhi wa **oishii** desu ne.	Der Kaffee hier schmeckt gut.
Omoshiroi hon o yomimashita.	Ich habe ein interessantes Buch gelesen.
Kono hon wa **omoshiroi** desu ka?	Ist das Buch interessant?
Shizuka na kissaten desu ne.	Das ist ein ruhiges Café.
Kono kissaten wa **shizuka** desu ne.	Dieses Café ist ruhig.
Kore wa **yūmei na** o-tera desu.	Das ist ein berühmter Tempel.
Kenchō-ji wa **yūmei** desu ka?	Ist der Kencho-ji berühmt?

Beide Adjektivarten können auch prädikativ gebraucht werden. Normalform:
... wa + Adjektiv + *desu.*
Bei Quasi-Adjektiven entfällt die Verbindungspartikel *na.*

4. Vier Adjektivformen

Präsensform		Vergangenheitsform	
positiv	negativ	positiv	negativ
atarashi- chiisa- } i furu- tō-	atarashi- chiisa- } ku nai furu- tō-	atarashi- chiisa- } katta furu- tō-	atarashi- chiisa- } ku nakatta furu- tō-
kirei **na**	kirei **de (wa) nai**	kirei **datta**	kirei **de (wa) nakatta**

Die Adjektive bilden positive und negative Präsens- und Vergangenheitsformen.
Bei wirklichen Adjektiven treten die Formen *-ku* und *-katta* anstelle der Endung
-i.
Bei Quasi-Adjektiven treten die Formen *de (wa)* und *datta* anstelle der Verbindungspartikel *na*; Formen auf *-ku* und *-katta* gibt es nicht.

5. Gebrauch der Negativformen der Adjektive

Wirkliche Adjektive:	
Sono hon wa **omoshiroi desu** ka?	Ist dieses Buch interessant?
Iie, **omoshiroku arimasen.**	Nein, es ist nicht interessant.

Ginkō wa tōkatta desu ka?	War die Bank sehr weit?
Iie, tōku arimasen deshita.	Nein, sie war nicht weit.

Die Negativformen *-ku nai* bzw. *-ku nakatta* werden bei höflicher Redeweise zu *-ku arimasen* bzw. *-ku arimasen deshita*.

Quasi-Adjektive:

Kōhi wa **suki desu** ka?	Mögen Sie Kaffee gern?
Iie, **suki de wa arimasen.**/**ja arimasen.**	Nein, ich mag keinen Kaffee.
Uchi wa **kirei deshita** ka?	War das Haus schön?
Iie, **kirei de wa arimasen deshita.**/	Nein, es war nicht schön.
ja arimasen deshita.	

In der höflichen Redeweisen werden *de (wa) nai* ⇒ *de wa arimasen* bzw. *ja arimasen; de (wa) nakatta* ⇒ *de wa arimasen deshita* bzw. *ja arimasen deshita; datta* ⇒ *deshita*.

6. Die Adjektive: "ii, yoi" (gut)

Kono eiga wa **ii** desu ka?	Ist der Film gut?
Ē, **ii/yoi** eiga desu.	Ja, das ist ein guter Film.
Iie, **yoku arimasen.**	Nein, er ist nicht gut.
Iie, **yoku nai** eiga desu.	Nein, das ist kein guter Film.
O-tenki wa **yokatta** desu ka?	War das Wetter gut?
Ē, **yokatta** desu.	Ja, es war gut.
Iie, **yoku arimasen** deshita.	Nein, es war nicht gut.
Ē, **ii/yoi** o-tenki deshita.	Ja, es war schönes Wetter.

Die wirklichen Adjektive *ii* und *yoi* bedeuten beide "gut". In Verbindung mit *-ku* und *-katta* wird nur der Stamm von *yoi (= yo-)* gebraucht.

7. Die Partikel "no"

watashi **no** tomodachi	mein Freund
tomodachi **no** tegami	der Brief des Freundes
watashi **no** tomodachi **no** tegami	der Brief meines Freundes

kyō **no** shinbun	die heutige Zeitung
shinbun **no** nyūsu*	Zeitungsbericht
kyō **no** shinbun **no** nyūsu	der heutige Zeitungsbericht
Nan **no** eiga?	Was für ein Film?
Doko **no** hito?	Woher stammt er?
Dare **no** kuruma desu ka?	Wessen Wagen ist das?
Watakushi **no** (kuruma) desu.	Es ist mein Wagen.

Die Partikel *no* hat die Funktion des Genitivs. Personalpronomen werden durch ein nachfolgendes *no* zu Possessivpronomen. Die Partikel steht auch nach Fragewörtern.

8. Zählwort für Tassen Kaffee, Gläser Wein usw.: "-hai"

ip-pai ni-hai san-bai yon-hai go-hai rop-pai nana-hai hachi-hai/happai kyū-hai jup-pai/jip-pai nan-bai?

Übung 1

D

a. Prägen Sie sich die Wörter ein!

omoshiroi (interessant)	muzukashii (schwierig)	furui (alt)
tsumaranai (langweilig/	yasashii (leicht)	ii/yoi (gut)
wertlos)	atarashii (neu)	warui (schlecht)

b. Antworten Sie mit "ja"! **O O**

| Kono hon wa ii desu ka? | – Ē, ii hon desu. |

1. Kono hon wa atarashii desu ka? 2. Kono hon wa furui desu ka? 3. Kono hon wa omoshiroi desu ka? 4. Kono hon wa tsumaranai desu ka? 5. Kono hon wa muzukashii desu ka? 6. Kono hon wa yasashii desu ka?

c. Prägen Sie sich die Wörter ein!

yūmei(bekannt/berühmt)	chiisai (klein)	suki (gern)
shizuka (ruhig)	benri (praktisch/günstig)	kirai (nicht gern)
ōkii (groß)	kirei (schön)	iroiro (verschieden/allerlei)

d. Antworten Sie! 😊 (1—5)

Sono hito wa yūmei desu ka?	— Ē, yūmei na hito desu.

1. Sono machi wa kirei desu ka? 2. Sono hoteru wa shizuka desu ka? 3. Sono hana wa suki desu ka? 4. Sono gakkō wa ōkii desu ka? 5. Sono tokei wa benri desu ka? 6. Sono raitā wa chiisai desu ka? 7. Sono kēki wa kirai desu ka?

e. Prägen Sie sich die Wörter ein!

oishii (schmeckt gut)
mazui (schmeckt nicht)
takai (teuer)
yasui (billig)

kitanai (schmutzig)
tōi (weit/fern)
chikai (nahe)
tokoro (Ort)

f. Antworten Sie!

Don'na tokoro ni ikimashita ka? (iroiro, tōi)
— Iroiro na tokoro ni ikimashita.
— Tōi tokoro ni ikimashita.

1. Don'na kuruma o kaimashita ka? (chiisai, yasui) 2. Don'na hon o yomimashita ka? (yūmei, omoshiroi) 3. Don'na rekōdo o kikimashita ka? (suki, atarashii) 4. Don'na hana o kaimasu ka? (kirei) 5. Don'na nyūsu o kikimashita ka? (ii, warui) 6. Don'na shigoto desu ka? (kirai, muzukashii) 7. Don'na bīru o nomimashita ka? (oishii, takai) 8. Don'na ringo deshita ka? (mazui, takai) 9. Don'na tokoro deshita ka? (kitanai, chikai) *ii = yoi*

Übung 2

a. Prägen Sie sich die Wörter ein!

atsui (heiß)
samui (kalt)
tsumetai (kalt)

akai (rot)
shiroi (weiß)
kuroi (schwarz)

mizu (Wasser)
wain*/budōshu (Wein)

b. Antworten Sie mit "nein"! 😊 (1—5)

Atarashii desu ka?	— Iie, atarashiku arimasen.

1. Omoshiroi desu ka? 2. Muzukashii desu ka? 3. Ōkii desu ka? 4. Ii desu ka? 5. Atsui desu ka? 6. Oishii desu ka? 7. Takai desu ka? 8. Yasui desu ka?

9. Warui desu ka? 10. Mazui desu ka? 11. Samui desu ka? 12. Kitanai desu ka? 13. Chiisai desu ka? 14. Kuroi desu ka? 15. Akai desu ka? 16. Shiroi desu ka?

c. Antworten Sie mit "nein"! **OO** (1–5)

| Atarashikatta? | – Iie, furukatta. |

1. Omoshirokatta? 2. Muzukashikatta? 3. Ōkikatta? 4. Samukatta? 5. Oishikatta? 6. Yokatta? 7. Takakatta? 8. Tōkatta? 9. Furukatta?

d. Antworten Sie mit "ja"!

| Nihon wa yokatta desu ka? | – Ē, ii tokoro deshita. |

1. Tōkyō wa omoshirokatta desu ka? 2. Sapporo wa samukatta desu ka? 3. Kyōto wa atsukatta desu ka? 4. Suisu wa kirei deshita ka? 5. Kamakura wa shizuka deshita ka?

e. Bilden Sie Sätze!

| tsumetai mizu (1)
– Tsumetai mizu o ippai nomimashita. |

1. atsui o-cha (1) 2. takai wain (2) 3. atsui kōhī (3) 4. oishii jūsu (4) 5. shiroi budōshu (5) 6. akai budōshu (6) 7. yasui miruku (7) 8. tsumetai bīru (8) 9. ii wain (9) 10. suki na osake (10)

Übung 3

a. Prägen Sie sich die Wörter ein!

itsumo (immer)
taitei (meistens)
yoku (oft)
takusan (viel)
zenbu/min'na (ganz, alles)
hotondo (fast)

tokidoki/tama ni (manchmal)
metta ni (selten/ab und zu)
daibu (ziemlich)
sukoshi (ein wenig)
amari/son'na ni nai (nicht so viel/oft) ...

b. Antworten Sie! **OO**

| Shigoto o takusan shimashita ka? | – Ē, takusan shimashita. |

1. Kaimono o sukoshi shimashita ka? 2. Kono zasshi o zenbu yomimashita ka? 3. Atarashii rekōdo o min'na kikimashita ka? 4. Bīru o hotondo zenbu nomimashita ka? 5. Benkyō wa amari shimasen ka? 6. Kōhī o tama ni nomimasu ka? 7. Jūsu wa son'na ni kaimasen ka? 8. Nyūsu o zenbu kikimasu ka? 9. Doraibu wa metta ni shimasen ka? 10. Miruku o tokidoki nomimasu ka? 11. Yoku Kyōto ni ikimasu ka?

c. Bilden Sie Fragesätze und antworten Sie mit "ja"!

itsumo	− Itsumo kono kissaten ni irasshaimasu ka? − Ē, itsumo kimasu.

taitei, yoku, tokidoki, tama ni

d. Bilden Sie Fragesätze und antworten Sie mit "nein"!

eiga − amari	− Eiga o yoku goran ni narimasu ka? − Iie, amari mimasen.

kabuki − metta ni, terebi − hotondo, shinbun − sonna ni

e. Bilden Sie aus den vorgegebenen Elementen Fragen und Antworten!

− Nichiyōbi wa nani o nasaimasu ka?
− Taitei nihongo no benkyō o shimasu.

− Nichiyōbi wa tama ni doraibu o nasaimasu ka?
− Iie, metta ni shimasen.

Nichiyōbi wa	itsumo taitei futsū ni yoku tama ni tokidoki metta ni	nihongo no benkyō o shimasu. uchi de terebi o mimasu. kyōkai ni ikimasu. depāto ni ikimasu. eiga o mimasu doraibu o shimasu. shigoto o shimasen.

Übung 4

a. Bilden Sie Sätze! **○○** (1−5)

kaisha	− Kore wa watakushi no kaisha desu.

rekōdo, hankachi, kaban, jibiki, enpitsu, nekutai, bōrupen, gakkō

b. Antworten Sie mit "ja"! ●● (1—5)

Kore wa anata no hon desu ka?   — Ē, watakushi no desu.

1. Kore wa Itō-san no tokei desu ka? 2. Kore wa anata no taoru desu ka? 3. Sore wa Amerika no tabako desu ka? 4. Sore wa kaisha no kuruma desu ka? 5. Are wa Nihon no hikōki desu ka? 6. Are wa Yamada-san no uchi desu ka? 7. Kore wa anatagata no gakkō desu ka? 8. Kore wa Doitsu no ginkō desu ka? 9. Sore wa kinō no shinbun desu ka? 10. Kore wa kisha no kippu desu ka?

c. Wiederholen Sie Übung b. und antworten Sie mit "nein"! ●● (1—5)

Kore wa anata no hon desu ka?   — Iie, watakushi no ja arimasen.

d. Antworten Sie mit "ja"! ●● (1—5)

Dare no uchi ni ikimashita ka? Gotō-san no uchi?   — Ē, Gotō-san no uchi ni ikimashita.

1. Dare no kuruma de ikimashita ka? Abe-san no kuruma?
2. Doko no fune de kimashita ka? Nihon no fune?
3. Nan no jibiki o kaimashita ka? Nihongo no jibiki?
4. Itsu no kisha de kaerimasu ka? Kyō no kisha?
5. Suzuki-san wa doko no hito desu ka? Kaisha no hito?
6. Kore wa dare no man'nenhitsu desu ka? Anata no man'nenhitsu?
7. Nan no kippu desu ka? Eiga no kippu?
8. Itsu no shinbun desu ka? Kinō no shinbun?

e. Übersetzen Sie ins Japanische!

— Oh, Herr Kobayashi! Guten Tag!
— Lange nicht gesehen, Herr Imai! Wie geht es Ihnen?
— Danke, gut. Wann sind Sie von Deutschland zurückgekommen?
— Letzte Woche bin ich zurückgekommen.
— Wie war es in Deutschland?
— Es war sehr schön. In München habe ich viel Bier getrunken. Münchner Bier schmeckt mir gut!

5 Kissaten de II

A

Ishii:	Mō 1-pai ikaga desu ka?
Buraun:	Arigatō gozaimasu. Itadakimasu.
Ishii:	Kēki wa?
Buraun:	Kēki wa mō kekkō desu. Wataku-shi wa amai mono ga amari suki ja arimasen.
Ishii:	Watakushi mo kēki wa metta ni tabemasen. — Sumimasen, chotto! Kōhī mō 2-hai kudasai.
uētā:	Hai, kashikomarimashita.

Ishii:	Buraun-san wa nihongo ga jōzu desu ne.
Buraun:	Iie, mada dame desu. Nihongo wa muzukashii desu ne.
Ishii:	Kanji ga wakarimasu ka?
Buraun:	Ē, daitai yomemasu ga, amari ka-kemasen.
Ishii:	Doko de nihongo no benkyō o na-saimashita ka? Doitsu de?
Buraun:	Iie, Doitsu de wa shimasen deshi-ta ga Ōsaka no daigaku de 2-nen benkyō shimashita.
Ishii:	Dōri de ...
uētā:	Shitsurei shimasu.

Ishii:	O-uchi de itsumo nihongo desu ka?
Buraun:	Iie, uchi de wa taitei doitsugo de-su ga, kodomotachi wa uchi de mo yoku nihongo o tsukaimasu.
Ishii:	O-kosan wa nan'nin desu ka?
Buraun:	Futari desu. Mittsu no onna no ko to, itsutsu no otoko no ko desu.

Ishii: Okusan mo nihongo ga wakarimasu ka?

Buraun: Iie, kanai wa mada zenzen dame desu. Raigetsu kara nihongo no gakkō ni ikimasu.

Ishii: Sō desu ka. – Oya mō 9-ji han desu ne.

Buraun: Dōmo kyō wa sukkari gochisō ni narimashita.

Ishii: Dō itashimashite.

mō 1-pai ikaga desu ka: Wie wäre es mit noch einer Tasse Kaffee/einem Glas Wein usw.?

B

Wenn man annimmt: *Arigatō gozaimasu. Itadakimasu.*

Wenn man ablehnt: *(Mō) kekkō desu.*

amai mono: Süßigkeiten

suki ja arimasen: nicht gern haben

mo: auch

kēki wa metta ni tabemasen: Kuchen esse ich sehr selten.

sumimasen, chotto: wörtl. 'Entschuldigen Sie einen Augenblick!' Gebräuchliche Formel, um die Aufmerksamkeit von jemand auf sich zu lenken oder z. B. im Restaurant den Kellner zu rufen.

kōhī mō 2-hai: noch zwei Tassen Kaffee

nihongo ga jōzu desu ne: Sie können gut Japanisch.

mada dame desu: bedeutet hier '(Japanisch) ist mir noch nicht geläufig.'

muzukashii: schwer

kanji ga wakarimasu ka: Verstehen Sie Kanjis? (= kanji = sino-japanisches Schriftzeichen)

daitai yomemasu: Im allgemeinen kann ich sie lesen.

ga: aber

amari kakemasen: Ich kann sie nicht so gut schreiben.

doko de nihongo no benkyō o nasaimashita ka: Wo haben Sie Japanisch gelernt?

Ōsaka no daigaku de: an einer Universität in Osaka

2-nen benkyō shimashita: 2 Jahre habe ich gelernt/studiert.

dōri de: dann ist es kein Wunder

shitsurei shimasu: Bitte um Entschuldigung; hier von seiten des Kellners, wenn er den Gästen Kaffee vorsetzt.

o-uchi de itsumo nihongo desu ka: Wird zu Haus immer Japanisch gesprochen?

taitei: meistens

Kodomotachi wa nihongo o tsukaimasu: (Meine) Kinder sprechen Japanisch.

uchi/ie de mo: auch zu Hause

o-kosan wa nan'nin desu ka: Wie viele Kinder haben Sie? *o-kosan:* höfliche Form für *kodomo*

futari: zwei; nur für Personen gebrauchtes Zählwort

mittsu no onna no ko: ein Mädchen von drei Jahren

itsutsu no otoko no ko: ein Junge von fünf Jahren; bei Altersangaben bis zu 10 Jahren gebraucht man die japanischen Zahlenbezeichnungen (hitotsu, futatsu ...).

kanai wa mɔda zenzen dame desu: bedeutet hier 'Meine Frau kann noch gar kein Japanisch'.

raigetsu kara: ab nächsten Monat

nihongo no gakkō: Japanische Sprachschule

oya: Ausruf des Erstaunens

mō 9-ji han desu: (es ist) schon halb zehn

dōmo sukkari gochisō ni narimashita: Ich danke Ihnen bestens für die freundliche Bewirtung.

dō itashimashite: Bitte, nichts zu danken.

C 1. Die Partikel "ga" und "wa"

O-tenki **ga** ii desu ne.	Das Wetter ist gut.
Kaze **ga** tsumetai desu ne.	Der Wind ist kalt.

Die Partikel *ga* nach Nomen hat Nominativfunktion und hebt das Subjekt des Satzes hervor.

	bïru **ga** suki desu.	Ich mag Bier.
(Watashi	ano hito **ga** kirai desu.	Ich mag ihn nicht.
wa)	tomodachi **ga** hoshii desu.	Ich möchte einen Freund haben.
	Nihongo **ga** heta desu.	Ich kann nicht gut Japanisch.

	doitsugo **ga** jōzu desu.	Er kann gut Deutsch.
	shigoto **ga** dekimasen.	Er kann nicht arbeiten.
(Ano	Eigo **ga** wakarimasen.	Er versteht Englisch nicht.
hito	kanji **ga** kakemasu.	Er kann chinesische Schriftzeichen
wa)		schreiben.
	shinbun **ga** yomemasen.	Er kann die Zeitung nicht lesen.
	o-kane **ga** irimasu.	Er braucht Geld.

Bei gewissen verbalen Ausdrücken des Könnens, Mögens und Wünschens wird das deutsche Objekt im Japanischen durch eine Nominativform wiedergegeben.

Thema	Aussage
Tarō-san **wa**	Hanako-san **ga** suki desu.
Watashi **wa**	Nihongo **ga** sukoshi dekimasu.
	Bīru **ga** suki desu ka?
	Iie, amari suki ja arimasen.
Osake **wa**?	
Osake **wa**	suki desu.
	Pan **o** kaimashita ka?
	Ē, kaimashita.
Batā **wa**?	
Batā **wa**	kaimasen deshita.
	Kyōto **ni** ikimashita ka?
	Iie, ikimasen deshita.
Nikkō **ni wa**?	
Nikkō **ni wa**	ikimashita.
	Tōkyō **de** nani o kaimashita ka?
	Kamera* o kaimashita.
Honkon* **de wa**?	
Honkon **de wa**	tokei o kaimashita.
	Honkon **made** nan de ikimasu ka?
	Hikōki de ikimasu.
Honkon **kara wa**?	
Honkon **kara wa**	fune de ikimasu.

Erst wenn das Thema des Satzes durch die Partikel *wa* (siehe Seite 34) gekennzeichnet ist, ist der Satz vollständig. Bei Thema-Stellung eines Satzteiles werden *ga* und *o* zu *wa*, alle anderen Partikel erhalten ein zusätzliches *wa*.

2. Verwendung von "ga" im Sinne von "zwar ... aber"

Kanji ga wakarimasu ka?	Kennen Sie die japanischen Schriftzeichen?
Ē, daitai yomemasu **ga,** amari kakemasen.	Ja, ich kann sie zum größten Teil lesen, aber nicht besonders gut schreiben.
Doitsu de nihongo no benkyō o shimashita ka?	Haben Sie in Deutschland Japanisch gelernt?
Iie, Doitsu de wa shimasen deshita **ga,** Ōsaka no daigaku de shimashita.	Nein, nicht in Deutschland, sondern an einer Universität in Osaka.
Ouchi de itsumo nihongo desu ka?	Wird zu Hause immer Japanisch gesprochen?
Iie, uchi de wa taitei doitsugo desu **ga,** kodomotachi wa nihongo o hanashimasu.	Nein, zu Hause wird im allgemeinen Deutsch gesprochen, die Kinder sprechen jedoch Japanisch.

Die Partikel **ga** kann zwei Sätze verbinden und einen Gegensatz oder eine Gegenüberstellung zum Ausdruck bringen.

3. Die Partikel "mo" (auch)

Buraun-san wa doitsujin desu. Watashi **mo** doitsujin desu.	Kyōto ni ikimasu. Nara **ni mo** ikimasu.
Kōhī o nomimasu. Kēki **mo** tabemasu.	Kaisha de nihongo o hanashimasu. Uchi **de mo** nihongo o hanashimasu.
Nihongo ga jōzu desu. Furansugo **mo** jōzu desu.	Tōkyō kara kimasu. Ōsaka **kara mo** kimasu.

4. Zählwort für Menschen "nin" 🔊

1 **hitori**	4 yo-**nin**	7 shichi-**nin**	10	jū-**nin**
2 **futari**	5 go-**nin**	8 hachi-**nin**	wie viele?	nan-**nin**
3 san-**nin**	6 roku-**nin**	9 ku/kyū-**nin**		

5. Familienmitglieder

Ihr	Angehörige	mein	
go-shujin	Mann	shujin	**Beachten Sie:**
okusan/-sama	Frau	kanai	Von den Ange-
o-tōsan	Vater	chichi	hörigen anderer
o-kāsan	Mutter	haha	spricht man
musukosan	Sohn	musuko	höflicher als von
ojōsan	Tochter	musume	seinen eigenen
o-kosan	Kinder	kodomo	Angehörigen.
go-kyōdai	Geschwister	kyōdai	
o-nisan	älterer Bruder	ani	
o-nēsan	ältere Schwester	ane	
otōtosan	jüngerer Bruder	otōto	
imōtosan	jüngere Schwester	imōto	
o-taku	Familie/Haus	uchi	

6. Achten Sie auf den Unterschied:

Kyōto no daigaku = eine Universität in Kyoto
Kyōto Daigaku = die Kyoto-Universität

Übung 1   D

a. Prägen Sie sich die Wörter ein!

jōzu (desu) (geschickt sein in etwas)
e ga jōzu desu (geschickt malen)
ji ga jōzu desu (geschickt schreiben)
hanashi ga jōzu desu (gut reden können)
iru/irimasu (brauchen; nötig haben)
hoshii (wünschen; haben wollen/möchten)
piano* (Klavier)
o-kane (Geld)
jikan (Zeit)

b. Bilden Sie Sätze! 🔴🔴 (1—5)

miruku	— Anata wa miruku ga suki desu ka?

dare, benkyō, Nihon, Michiko-san, kudamono, kono machi, nani

c. Bilden Sie Sätze! 🔴🔴 (1—5)

tabako	— Watashi wa tabako ga kirai desu.

o-sake, ano hito, bīru, benkyō, hikōki, banana, amai mono

d. Bilden Sie Sätze! 🔴🔴 (1—5)

nihongo	— Anata wa nihongo ga jōzu desu ne.

kaimono, hanashi, piano, tenisu*, eigo, doitsugo, e, ji

e. Bilden Sie Sätze! 🔴🔴 (1—5)

tamago	— Tamago ga irimasu ka?

haizara, koppu, sekken, taoru, raitā, matchi, nani, o-kane, batā

f. Bilden Sie Sätze!

nekutai	— Watashi wa nekutai ga hoshii desu.

tomodachi, kuruma, o-kane, shigoto, uchi, kamera, burausu, jikan

Übung 2

a. Prägen Sie sich die Wörter ein!

dekiru/dekimasu (Können)
kaeru/kaemasu (kaufen können)
kakeru/kakemasu (schreiben können)
hanaseru/hanasemasu (sprechen können)
taberareru/taberaremasu (essen können)
korareru/koraremasu (kommen können)
yomeru/yomemasu (lesen können)
nomeru/nomemasu (trinken können)

b. Bilden Sie Sätze! **OO**

> ōki na waishatsu
> — Ōki na waishatsu wa doko de kaemasu ka?

ii kuruma, kirei na hana, kono hon, oishii pan, kitte, hagaki

c. Bilden Sie Sätze!

> muzukashii hon   — Muzukashii hon wa yomemasen.

Nihongo no shinbun, ano tegami, kono hon, kanji, Yamada-san no ji

d. Antworten Sie! **OO** (1—5)

> Nihongo ga hanasemasu ka?   — Ē, hanasemasu.

1. Nihongo no tegami ga kakemasu ka? 2. Nihongo no shinbun ga yomemasu ka? 3. Anata wa o-sushi ga taberaremasu ka? 4. Koko de kabuki no kippu ga kaemasu ka? 5. Anata wa nihongo ga dekimasu ka? 6. Koko de bīru ga nomemasu ka? 7. Kayōbi ni mo koraremasu ka?

e. Wiederholen Sie Übung d. und antworten Sie mit "nein"! **OO** (1—5)

> Nihongo ga hanasemasu ka?   — Iie, hanasemasen.

Übung 3

a. Dialogübung:

> A: Sore wa kono mise de kaemasu ka?
> B: Iie, kaemasen. (depāto)
> A: Ja, depāto de wa?
> B: Depāto de wa kaemasu.

1. Ashita koraremasu ka? (asatte)
2. Myurā-san wa nihongo no tegami ga kakemasu ka? (Buraun-san)
3. Kono mikan wa oishii desu ka? (ano mikan)
4. Kono shūkanshi wa omoshiroi desu ka? (sono hon)
5. Hakone ni ikimashita ka? (Atami)
6. Satō-san kara tegami ga kimashita ka? (Etō-san)

b. Dialogübung:

> A: Otoko no ko ga hoshii desu ka?
> B: Ē, hoshii desu. (onna no ko)
> A: On'na no ko wa?
> B: On'na no ko mo hoshii desu.

1. Nōto o kaimashita ka? (bōrupen)
2. Ishii-san wa eigo ga jōzu desu ka? (furansugo)
3. Tōkyō wa atsui desu ka? (Kyōto)
4. Pari* ni ikimashita ka? (Rōma*)
5. Buraun-san kara hagaki ga kimashita ka? (Sumisu-san)
6. Kaisha de nihongo o hanashimasu ka? (uchi)

c. Dialogübung:

> A: Kōhī wa ikaga desu ka?
> B: Ē, itadakimasu. (kēki)
> A: Kēki wa?
> B: Kēki wa kekkō desu.

1. miruku — satō 2. tabako — matchi 3. kōhī — miruku 4. kōcha - remon*

d. Antworten Sie mit "nein"!

> O-kane ga hoshii desu ka? (jikan)
> — Iie, o-kane wa hoshiku arimasen ga, jikan ga hoshii desu.

1. Hagaki ga irimasu ka? (kitte)
2. Furansugo ga dekimasu ka? (eigo)
3. Jazu* ga suki desu ka? (kurashikku*)
4. Anata wa kudamono ga kirai desu ka? (amai mono)
5. Anata wa atarashii kuruma ga hoshii desu ka? (chiisa na uchi)

Übung 4

a. Spielen Sie die Vorstellungsszene nach dem Muster: 🔵🔵 (1—5)

> Shujin desu.
> — A, go-shujin desu ka. Hajimemashite. Dōzo yoroshiku.

1. Kanai desu. 2. Chichi desu. 3. Haha desu. 4. Musuko desu. 5. Ane desu.
6. Musume desu. 7. Ani desu. 8. Otōto desu. 9. Imōto desu.

b. Ergänzen Sie!

Okusan wa doitsujin desu ka?	— Iie, kanai wa nihonjin desu.

1. O-tōsan wa ogenki desu ka? ... wa ima byōki desu.
2. O-kāsan wa ikutsu desu ka? ... wa 48 desu.
3. O-nīsan wa nani o kaimashita ka? ... wa kuruma o kaimashita.
4. O-nēsan wa mada Amerika desu ka? Iie, ... wa ima Pari desu.
5. Kono kata wa anata no imōtosan desu ka? Ē, ... desu.
6. Otōtosan wa? ... wa sanpo ni ikimashita.
7. O-kosan wa nan'nin desu ka? ... wa hitori desu.
8. Go-shujin wa mō kaerimashita ka? Iie, ... wa mada kaisha desu.
9. Anatagata wa go-kyōdai desu ka? Iie, ... ja arimasen.
10. Musukosan wa doitsugo ga wakarimasu ka? Ē, ... wa doitsugo ga dekimasu.
11. Ojōsan no tegami desu ka? Ē, ... no tegami desu.

6 A Nihongo no gakkō

Buranto*: Moshi moshi, chotto ukagaimasu ga ... Kono chikaku ni nihongo no gakkō ga arimasu ka?

Tsūkōnin: Nihongo no gakkō desu ka? Asoko ni akai posuto* ga arimasu ne.

Buranto: Ano takai biru* no mae desu ka?

Tsūkōnin: Ē, sō desu. Gakkō wa ano biru no naka ni arimasu.

Buranto: Dōmo arigatō gozaimashita.

Tsūkōnin: Dō itashimashite.

Buranto: Anō, nihongo no gakkō wa koko desu ka?

Shūei: 3-gai desu. Sono doā* no ushiro ni erebētā* ga arimasu.

Buranto: A sō desu ka. Dōmo ...

Buranto: Chotto o-tazune shimasu ga ... Shingakki wa itsu kara itsu made desu ka?

Hisho: 3-gatsu tsuitachi kara 5-gatsu 15-nichi made desu.

Buranto: Daitai 2-kagetsu-kan desu ne.

Hisho: Sō desu.

Buranto: Jugyōryō wa ikura desu ka?

Hisho: 16,000 en desu.

Buranto: Hito-kurasu* ni nan'nin imasu ka?

Hisho: Daitai 20-nin desu.

Buranto: Seito wa mina amerikajin desu ka?

Hisho: Iie, doitsujin mo furansujin mo imasu.

Buranto: Sō desu ka. Ja mata. Dōmo o-jama shimashita.

Buranto: Brandt

tsūkōnin: Passant

shuei: Portier

hisho: Sekretär(in)

moshi moshi: Hallo!

chotto ukagaimasu ga ... /chotto otazune shimasu ga ...: Diese beiden Floskeln bedeuten das gleiche: eine höfliche Bitte um Entschuldigung, wenn man jemand nach etwas fragt.

kono chikaku ni: hier in der Nähe

... ga arimasu ka: gibt es

asoko: da drüben

akai posuto: roter Briefkasten (engl. post)

ano takai biru no mae: vor dem Hochhaus da; *biru:* Hochhaus; abgekürzte Form von *birudingu* (engl. building)

biru no naka: im Hochhaus

anō: Füllwort am Anfang eines Satzes. Entspricht dem deutschen 'ah'.

koko: hier

3-gai: dritter Stock; im deutschen Sinne 'zweiter Stock'

sono doā no ushiro: hinter der Tür da; *doā:* Tür (engl. door)

erebētā: Fahrstuhl (engl. elevator)

a sō desu ka: ach so

dōmo: wirklich; durchaus. Es wird hier als Kurzform für *dōmo arigatō (gozaimasu/gozaimashita)* gebraucht.

shingakki: das neue Semester

itsu kara itsu made: von wann bis wann

3-gatsu tsuitachi kara 5-gatsu 15-nichi made: vom 1. März bis 15. Mai

daitai 2-kagetsu-kan: etwa zwei Monate lang

jugyōryō: Studiengebühr

hito-kurasu: Abkürzung von *hitotsu no kurasu* 'eine Klasse'; *kurasu:* Klasse (engl. class)

nan'nin imasu ka: wie viele (Personen) sind da?

seito wa mina amerikajin desu ka: Sind alle Schüler Amerikaner?

doitsujin mo furansujin mo: sowohl Deutsche als auch Franzosen (Furansu = engl. France)

dōmo o-jama shimashita: Ich habe Sie wirklich gestört./Entschuldigen Sie die Störung (Abschiedsformel).

C 1. "sein": bei lebenden Wesen "imasu", sonst "arimasu"

Koko Soko Asoko	} ni (wa)	dare ga **imasu** ka? Abe-san ga **imasu**. sensei ga **imasu**.	(Wer) ist (da?)
Koko Soko Asoko	} ni (wa)	nani ga **arimasu** ka? posuto ga **arimasu**. gakkō ga **arimasu**.	(Was) ist (da?)

koko (hier), *soko* (da), *asoko* (dort) sind Ortsbezeichnungen, das Fragewort ist *doko* (wo?). Vgl. S. 25, *kono, sono, ano, dono*.

Verneinung im Präsens: *imasen, arimasen*

Vergangenheitsform (positiv u. negativ): *imashita, arimashita, imasen deshita, arimasen deshita*

Kono chikaku Kono hen Kono machi ...	} ni (wa)	o-isha-san ga **imasu** ka?	Gibt es hier in der Nähe/ Stadt einen Arzt?
Kono chikaku Kono hen Kono machi ...	} ni (wa)	byōin ga **arimasu** ka?	Gibt es hier in der Nähe/ Stadt ein Krankenhaus?

Sensei wa	{ doko ni **imasu** ka? doko desu ka?	Wo ist der Lehrer?
Gakkō wa	{ doko ni **arimasu** ka? doko desu ka?	Wo ist die Schule?
Sensei wa	{ soko ni **imasu**. soko desu.	Der Lehrer ist da.
Gakkō wa	{ mukō ni **arimasu**. mukō desu.	Die Schule ist dort drüben.

... ni imasu bzw. *... ni arimasu* kann ersetzt werden durch *desu.*

Beachten Sie!

arimasu wird auch in der Bedeutung "haben" gebraucht.

Tabako ga arimasu ka? — Haben Sie Zigaretten?

Ē, arimasu. — Ja, ich habe welche.

Kodomo ga san'nin arimasu. — Ich habe drei Kinder.

2. Umschreibungen der deutschen Präpositionen und Adverbien

	mae	vor dem Hochhaus
	ushiro	hinter dem Hochhaus
	mukō	jenseits des Hochhauses
	temae	diesseits des Hochhauses
	chikaku	in der Nähe des Hochhauses
	tonari	neben dem Hochhaus
Biru no	migi	rechts neben dem Hochhaus
	hidari	links neben dem Hochhaus
	naka	in dem Hochhaus
	soto	außerhalb des Hochhauses
	ue	über/auf dem Hochhaus
	shita	unter dem Hochhaus
	mukai	gegenüber dem Hochhaus

3. Die Partikeln "kara" (von) und "made" (bis)

Koko **kara** gakkō **made** tōi desu ka?	Ist es weit von hier bis zur Schule?
Shingakki wa itsu **kara** itsu **made** desu ka?	Von wann bis wann dauert das neue Semester?
Sangatsu tsuitachi **kara** gogatsu jūgonichi **made** desu.	Vom 1.3. bis zum 15.5.

4. Die Partikel "mo ... mo" (sowohl ... als auch; verneint: weder ... noch)

Doitsujin **mo** furansujin **mo** imasu.
Kinō **mo** kyō **mo** ii o-tenki deshita.
Pan **mo** batā **mo** kaimasen deshita.
Koko ni **mo** asoko ni **mo** arimasu.
Furansu ni **mo** Itari ni **mo** ikimasen.
Kaisha de **mo** uchi de **mo** nihongo o hanashimasu.
Tōkyō de **mo** Ōsaka de **mo** mimasen deshita.
Kyūshū **kara mo** Hokkaidō **kara mo** tegami ga kimasu.
Abe-san **kara mo** Satō-san **kara mo** kikimasen deshita.

5. Jahre — Monate — Tage

nan-**nen**? (wie viele Jahre?)	nan-**kagetsu**? (wie viele Monate?)	nan-**gatsu**? (welcher Monat?)
1 ichi-**nen**	ik-**kagetsu**	ichi-**gatsu**
2 ni-**nen**	ni-**kagetsu**	ni-**gatsu**
3 san-**nen**	san-**kagetsu**	san-**gatsu**
4 yo-**nen**	yon-**kagetsu**	shi-**gatsu**
5 go-**nen**	go-**kagetsu**	go-**gatsu**
6 roku-**nen**	rok-**kagetsu**	roku-**gatsu**
7 shichi/nana-**nen**	shichi/nana-**kagetsu**	shichi-**gatsu**
8 hachi-**nen**	hachi/hak-**kagetsu**	hachi-**gatsu**
9 kyū/ku-**nen**	kyū-**kagetsu**	ku-**gatsu**
10 jū-**nen**	juk-**kagetsu**	jū-**gatsu**
11 jūichi-**nen**	jūik-**kagetsu**	jūichi-**gatsu**
12 jūni-**nen**	jūni-**kagetsu**	jūni-**gatsu**

nan-nichi? (welcher Tag?)

1 **tsuitachi**	11 jūichi-**nichi**	21 nijūichi-**nichi**
2 **futsuka**	12 jūni-**nichi**	22 nijūni-**nichi**
3 **mikka**	13 jūsan-**nichi**	23 nijūsan-**nichi**
4 **yokka**	14 jūyokka	24 nijūyokka
5 **itsuka**	15 jūgo-**nichi**	25 nijūgo-**nichi**
6 **muika**	16 jūroku-**nichi**	26 nijūroku-**nichi**
7 **nanoka/nanuka**	17 jūshichi-**nichi**	27 nijūshichi-**nichi**
8 **yōka**	18 jūhachi-**nichi**	28 nijūhachi-**nichi**
9 **kokonoka**	19 jūku-**nichi**	29 nijūku-**nichi**
10 **tōka**	20 hatsuka	30 sanjū-**nichi**
		31 sanjūichi-**nichi**

Zur Angabe einer Zeitspanne gebraucht man *-kan*, z. B. *ichinen-kan, gokagetsu-kan, yōka-kan* usw.

6. Zählwort für Stockwerke: "-kai"

1 ik-**kai**	4 yon-**kai**	7 shichi/nana-**kai**	10 juk-**kai**
2 ni-**kai**	5 go-**kai**	8 hachi/hak-**kai**	welcher
3 san-**gai**	6 rok-**kai**	9 kyū-**kai**	Stock? nan-**gai**

Beachten Sie!

Das deutsche Erdgeschoß ist *ikkai,* der erste Stock *nikai* usw.

Übung 1

D

a. Prägen Sie sich die Wörter ein!

kōchō/kōchō-sensei (Schuldirektor)   shachō/shachō-san (Direktor)
sensei (Lehrer)   isha/o-isha-san (Arzt)
seito (Schüler)   ginkō (Bank)
kyōju (Professor)   eigakan (Kino)
gakusei (Student)   taishikan (Botschaft)

b. Dialogübung:

```
sensei — hitori
A: Soko ni dare ga imasu ka?
B: Sensei ga imasu.
A: Nan'nin imasu ka?
B: Hitori imasu.
```

kōchōsensei — hitori; otoko no hito — futari; gakusei — san'nin; tomodachi — yonin; o-isha-san — gonin; shachō — rokunin

c. Wiederholen Sie Übung b. in der Vergangenheitsform:

```
sensei — hitori
A: Soko ni dare ga imashita ka?
B: Sensei ga imashita.
A: Nan'nin imashita ka?
B: Hitori imashita.
```

d. Dialogübung:

```
iroiro na hon — mukō
A: Nani ga arimasu ka?
B: Iroiro na hon ga arimasu.
A: Doko ni arimasu ka?
B: Mukō ni arimasu.
```

atarashii eigakan — asoko; ōki na ki — koko; furui otera — kono chikaku;
Doitsu Taishikan — kono machi; kirei na uchi — soko

e. Wiederholen Sie Übung d. in der Vergangenheitsform!

> iroiro na hon — mukō
> A: Nani ga arimashita ka?
> B: Iroiro na hon ga arimashita.
> A: Doko ni arimashita ka?
> B: Mukō ni arimashita.

f. Ergänzen Sie durch *imasu* oder *arimasu*!

1. Satō-san wa doko ni ... ka? 2. Anata no kuruma wa doko ni ... ka? 3. Kono gakkō ni onna no sensei ga ... ka? 4. Nihon ni mo oishii bīru ga ... yo. 5. Musume wa ima Hanburugu* ni ... 6. Ii tomodachi ga takusan ... 7. Kitte ga nanmai ... ka? 8. Yamada-kyōju wa doko ni ... ka? 9. Kodomo ga futari ... 10. Koko ni enpitsu ga sanbon ...

g. Antworten Sie mit "nein"! 🎧

> Ogawa-sensei wa mada imasu ka?   — Iie, mō imasen.

1. Pan wa mada arimasu ka? 2. Anata no hisho wa mada kaisha ni imasu ka?
3. Asu no kippu wa mada arimasu ka? 4. Buranto san wa mada Nihon ni imasu ka? 5. Okane wa mada arimasu ka?

h. Antworten Sie mit "nein"! 🎧

> Asu no kippu wa mada arimashita ka?   — Iie, mō arimasen deshita.

1. Ano furui uchi wa mada arimashita ka? 2. Gakusei wa mada imashita ka?
3. Yasui kamera wa mada arimashita ka? 4. Goshujin wa mada soko ni imashita ka? 5. Ano shizuka na kissaten wa mada arimashita ka?

Übung 2

a. Prägen Sie sich die Wörter ein!

byōin (Krankenhaus)   eki (Bahnhof)   kusuriya (Apotheke)
yūbinkyoku (Postamt)   tabakoya (Zigarettenladen) hanaya (Blumenladen)
kōban (Polizeiwache)   honya (Buchhandlung)   panya (Bäckerei)

b. Bilden Sie Sätze! ⚬⚬ (1—5)

| byōin | — Byōin wa doko desu ka? |

anata no kaisha, goshujin, Imai-san no uchi, tabakoya, yūbinkyoku, Ueno-eki, ii kusuriya, Etō-san no okusan, yūmei na honya, posuto, hanaya

c. Dialogübung:

ginkō — eki no soba
A: Kono chikaku ni ginkō ga arimasu ka?
B: Ē, arimasu yo.
A: Doko desu ka?
B: Eki no soba desu.

1. yasui resutoran* — ano biru no naka   2. Kōban — kusuriya no tonari   3. chikatetsu no eki — sono depāto no migi   4. posuto — tabakoya no mae   5. yūbinkyoku — eigakan no ushiro   6. byōin — eki no mukō   7. shizuka na kissaten — daigaku no mae   8. panya — kudamonoya no hidari

d. Dialogübung:

uchi — byōin
A: Suzuki-san wa uchi ni imasu ka?
B: Iie, uchi ni wa imasen.
A: Ja ima doko ni imasu ka?
B: Byōin ni imasu.

1. koko — kuruma no naka   2. Tōkyō — Shikoku no Takamatsu   3. Basu no naka — Tōkyō-tawā* no ue   4. anata no kaisha — Doitsu no kaisha   5. hoteru* — tomodachi no uchi   6. daigaku — taishikan   7. mukō — 3-gai no resutoran   8. Yokohama — Kōbe no o-kāsan no uchi

e. Wandeln Sie die Sätze um! ⚬⚬ (1—5)

Satō-san to Abe-san wa watashi no tomodachi desu.
— Satō-san mo Abe-san mo watashi no tomodachi desu.

1. Bīru to osake ga suki desu.   2. Waishatsu to nekutai o kaimashita.   3. Ima shachō to hisho wa kaisha ni imasen.   4. Kyō to asu wa shigoto o shimasen.   5. Doitsugo to furansugo wa dekimasen.   6. Konshū to raishū wa yasumi desu.   7. Jikan to o-kane ga hoshii desu.   8. Kyūshū to Hokkaidō ni ikimashita.   9. Shinbun to zasshi de yomimashita.   10. Chichi to haha kara tegami ga kimashita.

Übung 3

a. Lernen Sie die japanischen Feiertage!

1. Ichigatsu tsuitachi wa shōgatsu desu. (Neujahr)
2. Ichigatsu jūgonichi wa seijin no hi desu. (Feiertag für die, die in diesem Jahr mündig werden)
3. Nigatsu jūichinichi wa kenkoku-kinenbi desu. (Fest der Reichsgründung)
4. Sangatsu nijūichinichi wa shunbun no hi desu. (Frühjahrs-Tagundnachtgleiche)
5. Shigatsu nijūkunichi wa midori no hi desu. (Grüner Tag)
6. Gogatsu mikka wa kenpō-kinenbi desu. (Verfassungstag)
7. Gogatsu itsuka wa kodomo no hi desu. (Kindertag)
8. Kugatsu jūgonichi wa keirō no hi desu. (Altentag)
9. Kugatsu nijūsan'nichi wa shūbun no hi desu. (Herbst-Tagundnachtgleiche)
10. Jūgatsu tōka wa tai'iku no hi desu. (Tag der Körperertüchtigung)
11. Jūichigatsu mikka wa bunka no hi desu. (Kulturtag)
12. Jūichigatsu nijūsan'nichi wa kinrōkansha no hi desu. (Erntedankfest)

b. Antworten Sie!

1. Tōkyō-Orinpikku* wa nan'nen deshita ka?
2. Kyō wa nangatsu nan'nichi desu ka?
3. Kurisumasu* (Weihnachten) wa itsu desu ka?
4. Ōmisoka (Silvester) wa itsu desu ka?
5. Anata no tanjōbi (Geburtstag) wa itsu desu ka?

c. Übersetzen Sie ins Japanische!

1. Wo ist die heutige Zeitung? Sie ist auf dem Tisch.
2. Wie viele Universitäten gibt es in dieser Stadt? Hier gibt es drei.
3. Ist Herr Tanaka da? Nein, er ist jetzt nicht hier.
4. Wo ist Ihre Frau? Meine Frau ist jetzt in Kyoto.
5. Wie viele Schüler sind in dieser Schule? Ungefähr 700.
6. Wo ist Ihr Auto? Es ist hinter dem Krankenhaus.
7. War Frau Kato zu Hause? Ja, sie war da.
8. Gab es noch Fahrkarten? Nein, es gab keine mehr.
9. Wo ist Ihr Haus? Es ist in der Nähe des Bahnhofs Yotsuya.
10. Wo waren Sie gestern? Ich war zu Hause.

Raikyaku

Aoki-san wa kaishain desu. Marunouchi no bōeki-gaisha ni 8-nen tsutomete imasu. Kotoshi no 4-gatsu kara Shibuya ni sunde imasu. Kyō wa doyōbi desu. Aoki-san wa shinbun o yonde imasu. Musuko no Takeo wa terebi o mite imasu. Musume no Mieko wa e o kaite imasu. Aoki-san no okusan wa bangohan no yōi o shite imasu. Beru* ga narimashita. Aoki-san wa genkan ni itte doā o akemashita. O-kyaku-san desu.

Gotō: Konban wa!
Aoki: Yā, Gotō-san. Yoku irasshaimashita. Sā dōzo oagari kudasai.
Gotō: Arigatō gozaimasu. Shitsurei shimasu.

Futari wa ōsetsuma ni ikimashita.

Gotō: Dōmo sukkari go-busata shimashita.
Aoki: Iya, kochira koso ...
Gotō: Minasan o-kawari arimasen ka?
Aoki: Arigatō gozaimasu. Okagesama de mina genki desu. O-taku no minasan mo o-genki desu ka?
Gotō: Ē, aikawarazu desu.

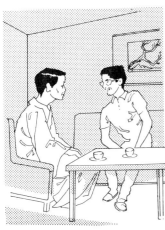

Aoki: Tokorode Maiyā*-san o oboete imasu ka?
Gotō: Ē, yoku oboete imasu. Daigaku de doitsugo o oshiete imashita ne.
Aoki: Sō desu. Maiyā-san wa kekkon shimashita yo. Shitte imasu ka?
Gotō: Iie, shirimasen deshita. Itsu desu ka?
Aoki: Kyonen no aki desu. Ēto ... Sō sō. 10-gatsu hatsuka deshita.
Aoki-san to Gotō-san wa tanoshiku hanashite imasu.

B *raikyaku:* Besuch; *o-kyaku-san:* Besucher

Marunouchi no bōeki-gaisha: eine Handelsfirma in Marunouchi (Büroviertel in Tokyo); *-gaisha* = *kaisha* (in Zusammensetzungen)

tsutomeru/tsutomete iru: angestellt werden; arbeiten

kotoshi: dieses Jahr

Shibuya ni sumu/sunde iru: in Shibuya (Wohnviertel in Tokyo) wohnen

shinbun o yomu/yonde iru: eine Zeitung lesen

musuko no Takeo: der Sohn Takeo; aber *Takeo no musuko* ist der Sohn Takeos

terebi o miru/mite iru: fernsehen; *terebi:* Fernseher (engl. television)

musume no Mieko: die Tochter Mieko

e o kaku/kaite iru: malen; zeichnen

Aoki-san no okusan: Frau Aoki

bangohan no yōi o suru/shite iru: das Abendessen fertigmachen

beru ga naru: es klingelt; *beru* (engl. bell)

genkan ni itte doā o akeru: zum Hauseingang gehen und die Tür öffnen

yā, yoku irasshaimashita: Herzlich willkommen!; Frauen sagen *mā* statt *yā.*

sā dōzo oagari kudasai: Bitte, kommen Sie herein!; wörtl. 'Steigen Sie hinauf!' wegen der Stufe im Hauseingang, wo man die Schuhe auszieht. *sā* ist auflockerndes, manchmal einladendes Füllwort; das deutsche 'Herein' ist *o-hairinasai!*

shitsurei shimasu: bedeutet hier 'Ich bin so frei!'

ōsetsuma: Empfangszimmer

dōmo sukkari go-busata shimashita: Ich habe lange nichts von mir hören lassen.

sukkari: ganz; völlig

iya, kochira koso ...: Keineswegs. Das ist ganz meinerseits. Statt *iya* sagen Frauen *iie.*

minasan o-kawari arimasen ka: Geht es Ihrer Familie gut? *o-taku no minasan:* Ihre Familie

tokorode: nun, übrigens

yoku oboete iru: sich gut erinnern

kekkon suru/kekkon shite iru: heiraten/verheiratet sein

shitte iru: wissen; kennen; *shirimasen:* nicht wissen; nicht kennen

kyonen no aki: der letzte Herbst

ēto ...: Füllwort; häufig gebraucht, um Denkpausen auszufüllen.

sō sō ...: Ausruf, wenn man sich an etwas erinnert.

1. Die "-te"-Form der Verben

A	einfache Form (Infinitiv)	höfliche Form (-masu-Form)	-te-Form
sein (von Lebewesen)	iru	imasu	ite
sehen	miru	mimasu	mite
können/fertig sein	dekiru	dekimasu	dekite
sich erinnern	oboeru	oboemasu	oboete
lehren/unterrichten	oshieru	oshiemasu	oshiete
beschäftigt sein	tsutomeru	tsutomemasu	tsutomete

Bei den Verben der Gruppe A wird die -te-Form gebildet, indem man die Endung der höflichen Form -masu durch -te ersetzt.

B	einfache Form (Infinitiv)	höfliche Form (-masu-Form)	-te-Form
schreiben	kaku	kakimasu	kaite
hören	kiku	kikimasu	kiite
zu Fuß gehen	aruku	arukimasu	aruite
arbeiten	hataraku	hatarakimasu	hataraite
sprechen/reden	hanasu	hanashimasu	hanashite
leihen	kasu	kashimasu	kashite
kaufen	kau	kaimasu	katte
lernen	narau	naraimasu	naratte
sein (von Sachen)	aru	arimasu	atte
verstehen	wakaru	wakarimasu	wakatte
verkaufen	uru	urimasu	utte
einsteigen	noru	norimasu	notte
wissen/kennen	shiru	shirimasu	shitte
zurückgehen	kaeru	kaerimasu	kaette
warten	matsu	machimasu	matte
haben	motsu	mochimasu	motte
lesen	yomu	yomimasu	yonde
trinken	nomu	nomimasu	nonde
wohnen	sumu	sumimasu	sunde
spielen	asobu	asobimasu	asonde

Die Verben der Gruppe B erfahren bei der Bildung der -te-Form lautliche Veränderungen. Es verändern sich die Stammlaute der einfachen Form vor der Endung

-u. Die wichtigsten Veränderungen sind: k → i; s → shi; r → t; ts → t; m → n(de); b → n(de).

C	einfache Form (Infinitiv)	höfliche Form (*-masu*-Form)	*-te*-Form
kommen	kuru	kimasu	kite
tun	suru	shimasu	shite
gehen	iku	ikimasu	itte
sagen	iu	iimasu	itte

Die Verben der Gruppe C sind unregelmäßig.
Die auf S. 22 oben gegebenen Verbindungen mit *-shimasu (suru)* und Verbindungen wie *kekkon suru* "heiraten", *yōi (o) suru* "vorbereiten" usw. folgen in allem der Konjugation von *suru.*
Die einfache Form ist die, unter der die Verben im Wörterbuch aufgeführt werden.

2. Die "-te"-Form als Ausdruck eines Zustandes

Depāto ni tsutomete imasu.	Ich bin in einem Kaufhaus beschäftigt.
Ima wa mō tsutomete imasen.	Ich bin jetzt nicht mehr beschäftigt.
Ginkō ni tsutomete imashita.	Ich war in einer Bank beschäftigt.
Ima made wa tsutomete imasen deshita.	Ich war bis jetzt nicht beschäftigt.
Shinbun o yonde imasu.	Ich lese Zeitung.
Sore wa mada yonde imasen.	Das habe ich noch nicht gelesen.
Tegami o yonde imashita.	Ich habe gerade den Brief gelesen, (als …).
Nani mo yonde imasen deshita.	Ich war nicht beim Lesen, (als …).
Abe-san o shitte imasu ka?	Kennen Sie Herrn Abe?
Ē, shitte imasu.	Ja, ich kenne ihn.
Iie, shirimasen.	Nein, ich kenne ihn nicht.
Kono koto o shitte imashita ka?	Wußten Sie das?
Ē, shitte imashita.	Ja, ich wußte es.
Iie, shirimasen deshita.	Nein, ich wußte es nicht.

Die *-te*-Form + *iru* drückt eine dauernde Handlung oder einen Zustand aus. Achtung! Bei der Verneinung von *shiru* wird die *-te*-Form nicht gebraucht.

3. Die "-te"-Form als Satzverbindung

Genkan ni itte	Ich ging zum Flur
doā o akemashita.	und machte die Tür auf.
Takushī ni notte	Ich steige ins Taxi
depāto e ikimasu.	und fahre zum Warenhaus.
Kaimono o shite	Ich machte Einkäufe
uchi ni kaerimashita.	und ging nach Hause.
Shinbun o yonde	Ich las die Zeitung
gohan o tabemashita.	und nahm das Essen ein.

Die -te-Form wird gebraucht, um zwei Sätze zu verbinden.

Übung 1

D

a. Ändern Sie die Verbform!

mimasu	— mite imasu

tabemasu, oshiemasu, hanashimasu, tsutomemasu, kimasu, shimasu, yōi shimasu, kekkon shimasu, oboemasu, wakarimasu, urimasu, mochimasu, naraimasu, machimasu, kaimasu, kakimasu, kikimasu, hatarakimasu, arukimasu, yomimasu, sumimasu, asobimasu, nomimasu

b. Antworten Sie!

Nani o mite imasu ka? (eiga, terebi, arubamu)
— Eiga o mite imasu.
— Terebi o mite imasu.
— Arubamu o mite imasu.

1. Nani o tabete imasu ka? (gohan, pan, kēki, sukiyaki)
2. Nani o oshiete imasu ka? (nihongo, piano, ohana)
3. Doko ni tsutomete imasu ka? (Nihon-Taishikan, bōeki-gaisha, ginkō)
4. Nani o kaite imasu ka? (e, tegami, hagaki, hon)
5. Nani o kiite imasu ka? (nyūsu, hanashi, rekōdo, ongaku)
6. Dare ga hataraite imasu ka? (chichi, haha, musuko, watakushi)
7. Nani o katte imasu ka? (nekutai, waishatsu, nihongo no jisho, tabako)
8. Nani o naratte imasu ka? (nihongo, ocha, jūdō)

9. Doko de utte imasu ka? (depāto, eki, honya)
10. Nani o shite imasu ka? (shigoto, sanpo, nihongo no benkyō)
11. Nani o matte imasu ka? (takushi, basu, tegami)
12. Nani o yonde imasu ka? (shinbun, zasshi, tegami, shūkanshi)
13. Nani o nonde imasu ka? (kōhi, osake, biru, mizu)
14. Doko ni sunde imasu ka? (Nagoya, kono chikaku, gakkō no soba)

c. Wiederholen Sie Übung b. in der Vergangenheitsform!

Nani o mite imashita ka?	— Eiga o mite imashita.

d. Antworten Sie mit "ja"! **Q O** (1—5)

Satō-san o shitte imasu ka?	— Ē, shitte imasu.

1. Sono seito no namae o oboete imasu ka? 2. O-kane o motte imasu ka? 3. Kono machi ni sunde imasu ka? 4. Doitsu no tabako o utte imasu ka? 5. Ima tsutomete imasu ka? 6. Ii o-isha-san o shitte imasu ka? 7. Kodomotachi wa benkyō shite imashita ka?

Übung 2

a. Antworten Sie mit "nein"! **Q O**

Tokei o motte imasu ka?	— Iie, motte imasen.

1. Sensei no namae o oboete imasu ka? 2. Tegami ga kite imasu ka? 3. Nyūsu o kiite imasu ka? 4. Piano o naratte imasu ka? 5. Katō-san ga kite imasu ka? 6. O-kane o motte imasu ka? 7. Benkyō o shite imasu ka? 8. Ima hataraite imasu ka?

b. Antworten Sie mit "nein"! **Q O**

Kisha no kippu wa mō kaimashita ka?
— Iie, mada katte imasen.

1. Kyō no shinbun wa mō yomimashita ka? 2. Tegami wa mō kakimashita ka? 3. Kono arubamu wa mō mimashita ka? 4. O-sake wa mō nomimashita ka? 5. Gohan wa mō tabemashita ka? 6. Nara ni wa mō ikimashita ka? 7. Kono kanji wa mō naraimashita ka? 8. Benkyō wa mō shimashita ka? 9. Okada-san wa mō kimashita ka? 10. Kono koto wa mō kikimashita ka? 11. Tanaka-san wa mō kekkon shimashita ka?

c. Wandeln Sie die Sätze um! **○ ○** (1-5)

O-cha o nomimashita.	– O-cha o nonde imashita.

1. Sanpo ni ikimashita. 2. Yūbin ga kimashita. 3. Kaisha de shigoto o shimashita. 4. Kusuri o nomimashita. 5. Kyūshū ni 5-nen sumimashita. 6. Kono shōsetsu o yomimashita. 7. 2-jikan anata o machimashita. 8. Daigaku de doitsugo o oshiemashita. 9. Sōji o shimashita. 10. Baiorin* o naraimashita. 11. Doitsu no uta o kikimashita. 12. Nengajō o kakimashita. 13. Nihon no kaisha ni tsutomemashita.

Übung 3

a. Dialogübung:

Ōta-san – Tanaka-san
A: Ōta-san o shitte imasu ka?
B: Ē, shitte imasu.
A: Tanaka-san wa?
B: Tanaka-san wa shirimasen.

Suzuki-san – Suzuki-san no okusan, ano kata – sono kata, Shimizu-san no uchi – Ōta-san no uchi, Abe-san no o-nīsan – o-nēsan

b. Antworten Sie mit "nein"!

Myurā-san wa kekkon shimashita yo. Shitte imasu ka?
– Iie, shirimasen deshita.

1. Myurā-san wa Doitsu ni kaerimashita yo. Shitte imasu ka?
2. Yamada-san wa byōki desu yo. Shitte imasu ka?
3. Tanaka-san wa ima Shibuya ni sunde imasu yo. Shitte imasu ka?
4. Asu gakkō wa yasumi desu yo. Shitte imasu ka?

c. Verbinden Sie die beiden Sätze!

Shigoto o shimashita. Takushī de kaerimashita.
– Shigoto o shite takushī de kaerimashita.

1. Chikatetsu ni norimashita. Depāto e ikimashita.
2. Depāto ni ikimashita. Kaimono o shimashita.
3. Kaimono o shimashita. Eiga o mimashita.

4. Eiga o mimashita. Kissaten ni ikimashita.
5. Kissaten e ikimashita. Kōhī o nomimashita.
6. Arukimashita. Tomodachi no uchi ni ikimashita.
7. Tomodachi no uchi ni ikimashita. Bangohan o tabemashita.
8. Bangohan o tabemashita. Uchi ni kaerimashita.
9. Uchi ni kaerimashita. Nikki o kakimashita.
10. Nikki o kakimashita. Nemashita.

Übung 4

a. Beantworten Sie die Fragen zum Text!

1. Aoki-san wa doko ni tsutomete imasu ka?
2. Soko ni nan'nen tsutomete imasu ka?
3. Ima doko ni sunde imasu ka?
4. Itsu kara Shibuya ni sunde imasu ka?
5. Ima nani o yonde imasu ka?
6. Takeo-san wa nani o shite imasu ka?
7. Mieko-san wa?
8. Aoki-san no okusan wa nani o shite imasu ka?
9. Kyō wa nanyōbi desu ka?
10. Ashita wa?
11. Maiyā-san wa nani o oshiete imashita ka?
12. Doko de oshiete imashita ka?
13. Maiyā-san wa kekkon shite imasu ka?
14. Itsu kekkon shimashita ka?
15. Aoki-san wa dare to hanashite imasu ka?

b. Antworten Sie!

1. Kotoshi wa nan-nen desu ka?
2. Kyō wa nan-gatsu nan-nichi desu ka?
3. Anata wa ima nani o naratte imasu ka?
4. Itsu kara nihongo o naratte imasu ka?
5. Doitsu no natsu wa atsui desu ka?
6. Anata no onamae wa?
7. Kyonen no haru doko ni sunde imashita ka?

Sanpo

Takeda-san wa kōen ni sanpo ni ikimashita.
Soko de hitori no gaijin ni aimashita. Kare
wa te ni tabako o motte imashita. Sōshite
nihongo de Takeda-san ni iimashita.

Gaijin: Sumimasen ga, hi o kashite kuda-
            sai.
Takeda: Sā dōzo.

Gaijin wa tabako ni hi o tsukete Takeda-san
ni raitā o kaeshimashita.

Gaijin: Dōmo arigatō gozaimashita.
Takeda: Dō itashimashite. Nihongo ga ojō-
            zu desu ne.
Gaijin: Iie, mada dame desu. Hanasemasu
            ga, ji wa mada yoku yomemasen.
            Ima benkyō shite imasu. – Shitsu-
            rei desu ga, ima o-isogi desu ka?
Takeda: Iie, chotto sanpo ni kimashita.
Gaijin: Anō go-meiwaku de nakereba
            sukoshi oshiete kudasai.

Gaijin wa poketto* kara techō o dashite Takeda-san ni misemashita.

Gaijin: Sakki kono kōen de kon'na ji o mi-
            mashita ga, yomemasen. Dōzo
            yonde kudasai.
Takeda: Chotto misete kudasai. Ā kore wa
            ne, 1-banme ga "Shibafu ni haira-
            nai de kudasai".
Gaijin: Sumimasen, chotto matte kudasai.

Kare wa techō ni sore o rōmaji de kakimashita.

Gaijin: De wa tsugi o onegai shimasu.
Takeda: 2-banme wa "Koko ni kamikuzu o
sutenai de kudasai".
Gaijin: Dōmo hontō ni arigatō gozaimashita.

B *sanpo:* Spaziergang; *sanpo ni iku/sanpo suru:* spazieren gehen
kōen: Park
hitori no gaijin: irgendein Ausländer (nicht: ein Ausländer im Gegensatz zu meh-
reren Ausländern)
au: treffen
kare: er (Plural *karera*); *kanojo:* sie (Plural *kanojora*) sind aus dem Übersetzungs-
japanisch in die Umgangssprache „eingebürgerte" Pronomina.
te ni motte iru: in der Hand haben; halten
tabako: Tabak; Zigarette
sōshite: und; dann; nun
nihongo de iu: auf Japanisch sagen
sumimasen ga: Verzeihung; *ga* bedeutet 'aber', wird jedoch meistens nicht übersetzt
hi o kashite kudasai: Haben Sie Feuer?; wörtl. 'Leihen Sie mir bitte Feuer!'
Tabako ni hi o tsukeru: (die) Zigarette anzünden
... ni ... o kaesu: jmd. etwas zurückgeben; *raitā:* Feuerzeug (engl. lighter)
shitsurei desu ga: (sinngemäß hier) Wenn ich fragen darf.
o-isogi desu ka: Haben Sie es eilig?
go-meiwaku de nakereba: Wenn es Ihnen nicht lästig ist ...
sukoshi: etwas; ein wenig
poketto: Tasche in einem Kleidungsstück (engl. pocket); *techō:* Notizbuch; *poketto kara ... o dasu:* etwas aus der Tasche herausnehmen
miseru: zeigen; *misete kudasai:* Zeigen Sie mir bitte ...
sakki: eben; vorhin
kon'na: solch-

yonde kudasai: Bitte lesen Sie!

ā kore wa ne ...: Ach so, das hier ... (Einleitungsworte)

1-banme: der erste; *2-banme:* der zweite usw.

shibafu: Rasen

hairanai de kudasai: Betreten Sie bitte ... nicht!

chotto matte kudasai: Warten Sie bitte einen Augenblick!

rōmaji: lateinische Schrift

de wa: also; dann

tsugi: der (das, die) nächste

kamikuzu: Papier(abfall)

sutenai de kudasai: Werfen Sie bitte ... nicht weg!

hontō ni: wirklich

1. Der Gebrauch von "kudasai"

C

kudasai ... (Geben Sie mir bitte ...) meint immer, daß dem Sprecher von dem Angesprochenen eine Gunst erwiesen wird.

Kono hon o **kudasai**.	Geben Sie mir bitte das Buch!
Bīru (o) ippon **kudasai**.	Geben Sie mir bitte eine Flasche Bier!

Dieser Gebrauch von *kudasai* ist schon bekannt. Er drückt einen einfachen Wunsch des Sprechers, z. B. in einem Laden, aus.

Kore o **yonde kudasai**.	Bitte lesen Sie das!
Sukoshi **oshiete kudasai**.	Bitte erklären Sie mir etwas!
Chotto **misete kudasai**.	Bitte zeigen Sie es mir!

Mit der *-te-*Form des Verbs bildet *kudasai* einen höflichen Imperativ.

Hi o **kashite kudasai**.	Darf ich Feuer haben?
Denwa o **kashite kudasai**.	Darf ich das Telefon benutzen?

... kashite kudasai (wörtl. Leihen Sie mir bitte ...) entspricht in etwa dem deutschen "Darf ich ... benutzen?" u. ä.

| Batā o **totte kudasai.** | Reichen Sie mir die Butter, bitte! |
| O-shio o **totte kudasai.** | Reichen Sie mir das Salz, bitte! |

... totte kudasai (wörtl. Nehmen Sie bitte ...) entspricht in etwa dem deutschen "Reichen Sie mir bitte ..." u. ä.

2. Die einfache verneinte Form der Verben

Infinitiv	höfliche verneinte Form	einfache verneinte Form
I. iru	i**masen**	i**nai**
miru	mi**masen**	mi**nai**
taberu	tabe**masen**	tabe**nai**
suteru	sute**masen**	sute**nai**
wasureru	wasure**masen**	wasure**nai**
II. nomu	nom**imasen**	nom**anai**
yomu	yom**imasen**	yom**anai**
hataraku	hatarak**imasen**	hatarak**anai**
iku	ik**imasen**	ik**anai**
kaku	kak**imasen**	kak**anai**
hairu	hair**imasen**	hair**anai**
kaeru	kaer**imasen**	kaer**anai**
hanasu	hana**shimasen**	hana**sanai**
matsu	ma**chimasen**	ma**tanai**
kau	ka**imasen**	ka**wanai**
iu	i**imasen**	i**wanai**
III. suru	**shimasen**	**shinai**
kuru	**kimasen**	**konai**

Die einfache verneinte Form wird gebildet:
bei Verben der Gruppe I, indem man -*masen* durch -*nai* ersetzt.
bei Verben der Gruppe II, indem man -*masen* durch -*nai* ersetzt und das vorausgehende -*i*- in -*a*- ändert.
Scheinbare Ausnahmen sind in der japanischen Lauttafel begründet:
shi vor -*masen* wird -*sa*: hanashimasen — hanasanai
chi vor -*masen* wird -*ta*: machimasen — matanai
Vokal vor -*i-masen* wird Vokal + *wa*: Kaimasen — kawanai
Die Verben der Gruppe III sind unregelmäßig.

3. Der verneinte Imperativ

Shibafu ni hairanai de kudasai.	Bitte treten Sie nicht auf den Rasen!
Kamikuzu o sutenai de kudasai.	Bitte werfen Sie kein Papier weg!
Kore o wasurenai de kudasai.	Bitte vergessen Sie das nicht!
Mada kaeranai de kudasai.	Bitte gehen Sie noch nicht weg!

Die Verneinung der Imperativform (ein Verbot, etwas zu tun) besteht aus der einfachen verneinten Form mit nachfolgendem *de kudasai*.

4. Die Partikel "ni"

a. Lokale Bedeutung

Kōen de benchi* ni koshikakemashita.	Im Park setzte ich mich auf eine Bank.
Shibafu ni hairanai de kudasai.	Bitte treten Sie nicht auf den Rasen!

ni antwortet auf die Frage "wohin?"

Te ni tabako o motte imasu.	Er hat eine Zigarette in der Hand.
Hoteru ni tomarimashita.	Ich blieb in einem Hotel.
Kōen ni sanpo ni ikimashita.	Im Park ging ich spazieren.

ni antwortet auch auf die Frage "Wo befindet sich?" Bei Verben der Bewegung gibt *ni* auch den Zweck der Bewegung (*sanpo ni, kaimono ni*) an.

Beachten Sie die folgenden Unterschiede:

Tokyo ist *hier*. = Tōkyō wa **koko** desu.
Hier ist Tokyo. = **Koko wa** Tōkyō desu.
Hier ist ein Hotel. = **Koko ni** hoteru ga arimasu.
Legen Sie das Buch *auf den Tisch!* = Hon o **tsukue no ue ni** oite kudasai.
Das Buch liegt *auf dem Tisch*. = Hon wa **tsukue no ue ni** arimasu.
Schreiben Sie *auf dem Tisch!* = **Tsukue no ue de** kaite kudasai.

b. Funktion des Dativs

Takeda-san ni iimashita.	Ich habe Herrn T. gesagt: ...
Kare **ni** raitā o kaeshimashita.	Ich habe ihm das Feuerzeug zurückgegeben.

Dare ni tegami o kaite imasu ka?	Wem schreiben Sie den Brief?
Anata ni kore o agemasu.	Ich gebe es Ihnen.
Watashi ni sore o kudasai.	Geben Sie mir das!

ni ist das Zeichen des Dativs.

Beachten Sie: *ageru* (geben) bezeichnet die Handlung des Sprechers:
Kore o kare ni agete kudasai. – Geben Sie es ihm, bitte!
kudasai (geben Sie) bezeichnet die Handlung des Gesprächspartners.

Gaijin ni aimashita.	Ich habe den Ausländer getroffen.
Chichi ni okane o tanomimasu.	Ich bitte meinen Vater um Geld.
Sensei ni kiite kudasai.	Fragen Sie den Lehrer!

Manche Verben, die im Deutschen mit dem Akkusativ stehen, verlangen im Japanischen den Dativ. Beachten Sie: **Sensei ni kikimashita** hat zwei Bedeutungen:
"Ich fragte den Lehrer" und "Ich hörte das von dem Lehrer".

Sanpo wa **karada ni** ii desu.	Ein Spaziergang ist gut für die Gesundheit.
Koko wa **kaimono ni** benri desu.	Hier ist es günstig einzukaufen.

Ein Nomen mit *ni* steht als Ergänzung bei Adjektiven wie *ii* (gut für), *warui* (schlecht für), *benri* (bequem für), *taisetsu* (wichtig für) usw.

D Übung 1

a. Bilden Sie Sätze! 〇〇

hataraku	— Yoku hataraite kudasai.

benkyō suru, oboeru, kiku, oshieru, asobu

b. Bilden Sie Sätze! 〇〇

matsu	— Sumimasen ga chotto matte kudasai.

toru, kuru, akeru, agaru, miru, kasu

c. Antworten Sie! 🔵🔵

| Mimasu yo. | — Ē, dōzo mite kudasai. |

1. Tabemasu yo. 2. Nomimasu yo. 3. Kaimasu yo. 4. Kakimasu yo. 5. Ikimasu yo. 6. Iimasu yo. 7. Kikimasu yo. 8. Shimasu yo.

d. Antworten Sie!

| Mō iimashita. | — Mō ichido itte kudasai. |

1. Mō kakimashita. 2. Mō ikimashita. 3. Mō hanashimashita. 4. Mō yomimashita. 5. Mō oshiemashita. 6. Mō shimashita. 7. Mō misemashita.

e. Antworten Sie! 🔵🔵

| Hayaku itte kudasai. | — Hai, sugu ikimasu. |

1. Hayaku nete kudasai. 2. Hayaku mite kudasai. 3. Hayaku katte kudasai. 4. Hayaku kaette kudasai. 5. Hayaku yonde kudasai. 6. Hayaku shite kudasai. 7. Hayaku kaite kudasai.

f. Wandeln Sie die Sätze um!

| Koko ni imasu. | — Koko ni ite kudasai. |

1. Hon o yomimasu. 2. Namae o kakimasu. 3. Koko de machimasu. 4. Kono kanji o oboemasu. 5. Yamamoto-san no denwabangō o oshiemasu. 6. Sugu ginkō ni ikimasu. 7. Enpitsu 3-bon to nōto 1-satsu kaimasu. 8. Mō kaerimasu. 9. Atarashii uchi o mimasu. 10. Katō-san no tegami o misemasu. 11. Yoku benkyō shimasu.

Übung 2

a. Antworten Sie!

| Iru? | — Iie, inai. |

1. Miru? 2. Taberu? 3. Suteru? 4. Wasureru? 5. Akeru? 6. Oshieru? 7. Miseru? 8. Dekiru? 9. Yomeru? 10. Kakeru?

b. Antworten Sie! 🔘🔘 (1–10)

Nomu?	— Iya, nomanai.

1. Yomu? 2. Hataraku? 3. Iku? 4. Kaku? 5. Hairu? 6. Kaeru? 7. Yasumu?
8. Aruku? 9. Matsu? 10. Kau? 11. Kiku? 12. Aku? 13. Noru? 14. Uru?
15. Asobu?

c. Antworten Sie!

Mata hanasu?	— Iie, mō hanasanai.

1. Mata iu? 2. Mata au? 3. Mata kau? 4. Mata suru? 5. Mata kuru?

d. Bilden Sie Sätze!

urimasu	— Mada uranai de kudasai.

kaerimasu, kakimasu, iimasu, hanashimasu, hairimasu

e. Bilden Sie Sätze nach dem Muster:

Mada hataraite imasu.	— Amari hatarakanai de kudasai.

1. Mada nonde imasu. 2. Mada tabete imasu. 3. Mada asonde imasu. 4. Mada mite imasu. 5. Mada hanashite imasu. 6. Mada shigoto o shite imasu.

f. Antworten Sie! 🔘🔘

Dōzo toranai de kudasai.	— De wa torimasen.

1. Dōzo konai de kudasai. 2. Dōzo iwanai de kudasai. 3. Dōzo matanai de kudasai. 4. Dōzo kasanai de kudasai. 5. Dōzo ikanai de kudasai. 6. Dōzo kakanai de kudasai. 7. Dōzo kaeranai de kudasai.

g. Ergänzen Sie die Verben in der verneinten Form!

1. Kono tegami wa ima ... nai de kudasai. Ja, ato de yomimasu.
2. Bīru wa amari ... nai de kudasai. Ja, uisukī* o nomimasu.
3. Kono shinbun wa ... nai de kudasai. Ē, sutemasen.
4. Enpitsu de ... nai de kudasai. Ja, pen* de kakimasu.
5. Mada ... nai de kudasai. Ē, mada kaerimasen yo.
6. Mainichi takushī ni ... nai de kudasai. Ja, basu ni norimasu.
7. Son'na ni ... nai de kudasai. Ē, mō hatarakimasen.

8. Nichiyōbi wa doko ni mo ... nai de kudasai. Ē, ikimasen.
9. Kore wa kodomo ni ... nai de kudasai. Hai, misemasen.
10. Ano mise de mō ... nai de kudasai. Ja, kono mise de kaimasu.
11. Koko de tabako o ... nai de kudasai. Ja, soto de suimasu.
12. Terebi o amari ... nai de kudasai. Ja, mō mimasen.
13. Sore o dare ni mo ... nai de kudasai. Ē, dare ni mo iimasen.
14. Ashita ... nai de kudasai. Ja, asatte kimasu.
15. Amari takusan ... nai de kudasai. Ja, sukoshi tabemasu.

Übung 3

a. Bilden Sie Sätze!

| kōen, sanpo | — Kōen ni sanpo ni ikimashita. |

1. depāto, kaimono   2. Nihon, benkyō   3. Hokkaidō, sukī*   4. machi, kenbutsu
5. kaisha, shigoto   6. Hakone, doraibu   7. byōin, mimai

b. Bilden Sie Sätze!

| kōen, gaijin | — Kōen de gaijin ni aimashita ka? |

1. Kōbe, dare   2. doko, ano kata   3. kinō, shachō   4. itsu, Abe-san

c. Bilden Sie Sätze!

| te, tabako | — Kare wa te ni tabako o motte imasu. |

1. poketto, techō   2. Amerika, uchi   3. ginkō, okane   4. soko, nani

d. Bilden Sie Sätze!

| kiku | — Sore wa mō Tanaka-san ni kikimashita. |

1. ageru   2. kaku   3. miseru   4. kaesu   5. oshieru   6. tanomu   7. uru   8. hanasu   9. iu   10. shiraseru

e. Übersetzen Sie ins Deutsche!

I. 1. Tabako ni hi o tsukemashita.   2. Tanaka-san ni raitā o kaeshimashita.   3. Tomodachi ni tegami o kaite imasu.   4. Chichi ni nekutai o kaimashita.   5. Kodomo ni hon o yonde imasu. 6. Dare ni Eigo o naratte imasu ka? 7. Tegami ni sore o kakanai de kudasai. 8. Musume ni piano o oshiete imasu.

II. 1. Hon wa sensei ni kaeshite kudasai. 2. Sore wa shachō ni kiite kudasai. 3. Kore wa goshujin ni agete kudasai. 4. Sore wa kanai ni iwanai de kudasai. 5. Kono hon wa kodomo ni misenai de kudasai. 6. Tabako wa karada ni warui desu. 7. Gakkō wa eki ni chikai desu. 8. Koko wa kaimono ni benri desu. 9. Gotō-san wa mina ni shinsetsu desu.

III. 1. Shitsurei desu ga ima o-isogi desu ka? 2. Shitsurei desu ga ima o-ikutsu desu ka? 3. Shitsurei desu ga ima doko ni sunde imasu ka? 4. Shitsurei desu ga kono kuruma wa ikura deshita ka? 5. Shitsurei desu ga nihongo ga hanasemasu ka? 6. Shitsurei desu ga kekkon shite irasshaimasu ka? 7. Shitsurei desu ga anata no o-namae wa?

Tōkyō-kenbutsu no ato de

9

A

Kimura-san wa natsu Tōkyō no tomodachi o tazunemashita. Kyō wa asa kara Tōkyō-kenbutsu desu.

Kimura: Tsukaremashita ne. Doko ka de sukoshi yasumimasen ka?

Maeda: Ē, sō shimashō. Ano kissaten de nani ka tsumetai mono o nomi-mashō.

Kimura: Boku wa bīru ga nomitai n desu ga, kono chikaku ni biya-hōru* ga arimasen ka?

Maeda: Jā sukoshi tōi desu ga Nyū*-Tō-kyō ni ikimashō.

Kimura: Dono gurai kakarimasu ka?

Maeda: Sō desu ne, aruite 20-pun gurai desu.

Kimura: 20-pun? Mō kore ijō arukitaku arimasen. Takushī ni norimasen ka?

Maeda: Ii desu yo. Jā sō shimashō.

uētoresu*: Irasshaimase!

Maeda: Nama-bīru arimasu ka?

uētoresu: Hai, gozaimasu.

Maeda: Jā sore o futatsu to o-tsumami o kudasai.

uētoresu: Kashikomarimashita.

Maeda: Sā kanpai shimashō. — Kanpai!

Kimura: Kanpai!

Maeda: Ā oishii! Natsu wa bīru ni kagiri-masu ne. Okawari wa ikaga desu ka?

Kimura: Ē, itadakimasu. — Maeda-san wa
konoaida no Berurin-opera* ni
ikimashita ka?
Maeda: Are desu ka? Ikitakatta n desu ga
hima ga arimasen deshita. Anata
wa?
Kimura: Watashi mo mitakatta n desu ga
kippu ga kaemasen deshita.
Maeda: Sō deshita ka.

B *Tōkyō-kenbutsu no ato de:* nach der Besichtigung von Tokyo
natsu: Sommer; *aki:* Herbst; *fuyu:* Winter; *haru:* Frühling
Tōkyō no tomodachi: ein Freund in Tokyo
tomodachi o tazuneru: einen Freund besuchen (aber: *tomodachi ni tazuneru:* einen Freund fragen)
asa: Morgen; *hiru:* Mittag; *ban:* Abend; *yoru:* Nacht
tsukaremashita: Ich bin müde (geworden); *tsukarete imasu:* Ich bin müde; *tsukarete imashita:* Ich war müde.
doko ka: irgendwo
yasumu: bedeutet hier 'sich erholen; sich ausruhen; eine Pause machen'
yasumimasen ka: wollen wir uns nicht ausruhen?
sō shimashō: Laßt uns das tun!; Ausdruck des Einverständnisses
nani ka tsumetai mono: etwas Kaltes
boku: ich. Das Wort *boku* wird nur von Männern gebraucht.
nomitai: -*tai* bedeutet 'etwas tun mögen'; *biru ga nomitai:* ich möchte Bier trinken
biya-hōru: Bierhalle; Bierlokal (engl. beer hall)
Nyū-Tōkyō: Eine große bekannte Bierhalle im Ginza-Bezirk (Zentrum von Tokyo)
(Nyū = engl. new)
ikimashō: wollen wir gehen; indirekte Aufforderung von *iku*
gurai: ungefähr; zum Ausdruck ungenauer Mengenangaben
dono gurai kakarimasu ka bedeutet hier 'Wie lange dauert es?'
sō desu ne ...: bedeutet hier 'Na ja ...'; Ausdruck bei Denkpausen, z. B.
wenn man sich nicht sofort entschließen kann.
aruite 20-pun: 20 Minuten zu Fuß
mō kore ijō: mehr als das; gebraucht in verneinten Sätzen

arukitaku nai/arimasen: nicht zu Fuß gehen mögen; *-taku nai/-taku arimasen* sind
die verneinten Formen von *-tai desu*

ii desu (yo): o. k.; Ausdruck des Einverständnisses

nama-bĭru: Faßbier; abgekürzt: *nama*

gozaimasu: Höflichkeitsform von *aru* oder *arimasu;* hier bedeutet es 'haben; vor-
handen sein; es gibt'

o-tsumami: etwas zum Knabbern, z. B. Erdnüsse (zu Bier, Wein etc.)

kanpai shimashō: Wollen wir anstoßen! *kanpai!:* Zum Wohl!; Prosit!

natsu wa bĭru ni kagirimasu: Im Sommer gibt es nichts Besseres als Bier.; wörtl.
'ist man auf Bier beschränkt'.

okawari wa ikaga desu ka: bedeutet hier 'Trinken Sie noch eins?'

konoaida: vor kurzem; kürzlich; vor einigen Tagen

Berurin-opera: Gastspiel der Berliner Oper

are desu ka: sinngemäß 'Sie meinen das?'

ikitakatta (n desu): Ich wollte gehen.

hima ga arimasen deshita: Ich hatte keine Zeit.; *hima:* Zeit

1. Aufforderung

C

a. durch eine verneinte Frage (Indirekte Aufforderung; höfliche Form)

Sukoshi yasumi**masen ka?**	Wollen Sie sich/wir uns nicht etwas aus-ruhen?
Bĭru o nomi**masen ka?**	Wollen Sie/wir nicht Bier trinken?
Takushĭ ni nori**masen ka?**	Wollen Sie/wir nicht ein Taxi nehmen?

b. durch die Verbform auf "-mashō"

Sukoshi yasumi**mashō** ka?	Wollen wir eine Pause machen?
Sukoshi yasumi**mashō**.	Machen wir eine Pause!
Bĭru o nomi**mashō** ka?	Wollen wir Bier trinken?
Bĭru o nomi**mashō**.	Trinken wir Bier!
Takushĭ ni nori**mashō** ka?	Wollen wir ein Taxi nehmen?
Takushĭ ni nori**mashō**.	Nehmen wir ein Taxi!

c. durch "ikaga desu ka?"

Bĭru wa **ikaga desu ka?**	Wie ist es mit einem Glas Bier?
Kudamono wa **ikaga desu ka?**	Nehmen Sie Obst?
Kēki wa **ikaga desu ka?**	Möchten Sie Kuchen haben?

2. Zustimmung und Ablehnung zu Aufforderungen

Kyō eiga ni ikimasen ka?	Gehen Sie heute nicht mit ins Kino?
Kyō eiga ni ikimashō.	Laßt uns heute ins Kino gehen!
Ē, **ikimashō.**	Gut, gehen wir!
Ē, **sō shimashō.**	Gut, tun wir das!
Kyō wa **ikitaku arimasen.**	Heute möchte ich nicht gehen.
Kyō wa chotto ...	Heute ist ...

Bei der Ablehnung *kyō wa chotto ...* ergänzt der Hörer in Gedanken das Nichtge-
sagte: *tsugō ga warui desu* (= es ist für mich nicht günstig).
Diese Form *... wa chotto ...* ist eine fast immer passende Floskel der Ablehnung.

Kōhĭ o nomimasen ka?	Wollen wir nicht Kaffee trinken?
Kōhĭ o nomimashō.	Laßt uns Kaffee trinken!
Kōhĭ wa ikaga desu ka?	Wie ist es mit einer Tasse Kaffee?
Ē, **nomimashō.**	Ja, trinken wir!
Ē, **itadakimasu.**	Danke, gern!
Iie, **kekkō desu.**	Danke, nein!

3. Die Wunschform des Verbs (wollen — mögen)

ich ...	ich möchte ...	ich wollte ...	ich will nicht ...
ikimasu	iki**tai** desu	iki**takatta** desu	iki**taku nai** desu
kikimasu	kiki**tai** desu	kiki**takatta** desu	kiki**taku nai** desu
shimasu	shi**tai** desu	shi**takatta** desu	shi**taku nai** desu
tabemasu	tabe**tai** desu	tabe**takatta** desu	tabe**taku nai** desu
arukimasu	aruki**tai** desu	aruki**takatta** desu	aruki**taku nai** desu

Die Wunschform des Verbs wird gebildet, indem man *-masu* durch *-tai* ersetzt.
Diese Form ist ein Adjektiv und bildet alle Konjugationsformen des Adjektivs.

Anstelle von *ikitakatta desu* ist die Form *ikitakatta n(o) desu* gebräuchlicher, ebenso *ikitaku arimasen/ikitaku arimasen deshita* anstelle von *ikitaku nai desu/ ikitaku nakatta desu* (*-nakatta* ist die einfache verneinte Form in der Vergangenheit, s. Lektion 11).
Das Objekt des Wunsches hat die Partikel *ga:* *Bīru ga nomitai n desu,* und *wa:* *Bīru wa nomitaku arimasen,* oder: *Bīru wa nomitaku nai n desu.*

4. Erklärung einer Situation durch "n(o)"

Ashita ikimasu.	→	Ashita iku **n**(o) desu.
Watakushi mo ikitai desu.	→	Watakushi mo ikitai **n**(o) desu.
Eiga ni ikitakatta desu.	→	Eiga ni ikitakatta **n**(o) desu.
Amari ikitaku nai desu.	→	Amari ikitaku nai **n**(o) desu.

no desu wird häufig nach der einfachen Verbform gebraucht, anstatt der Form mit *-masu.* Dabei wird das *o* von *no* häufig ausgelassen. Die Bedeutung ist oft nur aus der Situation zu erschließen.

5. Bildung unbestimmter Pronomen und Adverbien mit "ka"

Dare ka imasu ka?	Ist jemand da?
Dare ka ni aimashita ka?	Haben Sie irgend jemanden getroffen?
Doko ka ii hoteru ga arimasu ka?	Gibt es irgendwo ein gutes Hotel?
Doko ka de ano hito ni aimashita.	Ich habe ihn irgendwo getroffen.
Doko ka e ikimashō.	Gehen wir irgendwohin!
Nani ka nomimasen ka?	Wollen wir nicht irgend etwas trinken?
Itsu ka kite kudasai.	Kommen Sie bitte irgendwann mal vorbei!

Man bildet die unbestimmten Pronomen und Adverbien, die im Deutschen mit irgend- beginnen, durch Fragewörter mit nachfolgendem *ka.*

D Übung 1

a. Antworten Sie! ⚪⚫ (1–5)

Mō hitotsu tabemashō ka?	— Ē, tabemashō.

1. Sukoshi yasumimashō ka? 2. Kore o kaimashō ka? 3. Kyō no nyūsu o kikima-shō ka? 4. Jūdō o naraimashō ka? 5. Ginkō ni ikimashō ka? 6. Sukoshi shigoto o shimashō ka? 7. Chotto shachō ni aimashō ka? 8. Nihongo de hanashimashō ka? 9. Mō sukoshi arukimashō ka?

b. Stellen Sie Fragen nach dem Muster!

Eiga o mimasu.	— Anata mo eiga o mimasen ka?

1. Sanpo ni ikimasu. 2. Doraibu shimasu. 3. Jūsu o nomimasu. 4. Gohan o tabe-masu. 5. Chikatetsu ni norimasu. 6. Nyūsu o kikimasu. 7. Tegami o kakimasu. 8. Ano hito ni tanomimasu. 9. Sukoshi machimasu.

c. Wandeln Sie die Sätze um!

Kōhī o nomimasen ka?	— Kōhī wa ikaga desu ka?

1. Ocha o nomimasen ka? 2. Kēki o tabemasen ka? 3. Nihon no tabako o suimasen ka? 4. Doitsu no bīru o nomimasen ka? 5. Oishii mikan o tabemasen ka? 6. Gaikoku no hamaki o suimasen ka?

d. Antworten Sie! ⚪⚫ (1–10)

Nani o shimashō ka? (doraibu)	— Doraibu o shimashō.

1. Dare ni kikimashō ka? (sensei) 2. Nani o kikimashō ka? (doitsu no rekōdo) 3. Doko ni ikimashō ka? (tomodachi no uchi) 4. Nan de ikimashō ka? (watashi no kuruma) 5. Nan de kakimashō ka? (bōrupen) 6. Doko ni kakimashō ka? (ko-no techō) 7. Doko de kaimashō ka? (ōki na mise) 8. Dore o kaimashō ka? (kono chiisa na raitā) 9. Doko de machimashō ka? (eki no mae) 10. Dono gurai machi-mashō ka? (mō 5-fun) 11. Doko ni tomarimashō ka? (Teikoku-hoteru) 12. Nan'-nichi tomarimashō ka? (mikka) 13. Dare ni agemashō ka? (Kobayashi-san no oku-san) 14. Nani o agemashō ka? (kirei na hana) 15. Nani o naraimashō ka? (nihon-go) 16. Dare ni naraimashō ka? (Yamada-sensei)

Übung 2

a. Dialogübung:

A: Sanpo ni ikitai?
B: Ē, ikitai.
A: Kaimono ni wa?
B: Kaimono ni wa ikitaku nai.

1. Doraibu shitai? — Benkyō wa? 2. Kare ni aitai? — Kanojo ni wa? 3. Kono hon yomitai? — Ano hon wa? 4. Bīru ga nomitai? — Jūsu wa? 5. Fune ni noritai? — Hikōki ni wa?

b. Antworten Sie!

Nani ka nomitaku arimasen ka?	— Ē, nomitai desu.

1. Nani ka tabetaku arimasen ka? 2. Nani ka shitaku arimasen ka? 3. Nani ka iitaku arimasen ka? 4. Doko ka ni ikitaku arimasen ka? 5. Dare ka ni misetaku arimasen ka?

c. Wiederholen Sie Übung b. und antworten Sie in der verneinten Form!

Nani ka nomitaku arimasen ka?	— Nani mo nomitaku arimasen.

(Beachten Sie: doko ka ni → doko ni mo; dare ka ni → dare ni mo)

d. Bringen Sie zum Ausdruck, daß Sie anderer Meinung sind! ◑◐ (1—5)

Mō kore ijō kikanai de kudasai.	— Demo kikitai no desu.

1. Mō kore ijō osake o nomanai de kudasai. 2. Mō kore ijō nani mo iwanai de kudasai. 3. Dare ni mo misenai de kudasai. 4. Kyō wa eiga ni ikanai de kudasai. 5. Son'na ni takusan hon o kawanai de kudasai. 6. Son'na ni takusan o-kashi o tabenai de kudasai. 7. Mada kaeranai de kudasai.

e. Antworten Sie! ◑◐

Yomanai no desu ka?	— Ē, yomitaku nai n desu.

1. Ikanai no desu ka? 2. Kikanai no desu ka? 3. Kawanai no desu ka? 4. Iwanai no desu ka? 5. Kaeranai no desu ka?

f. Antworten Sie!

> Tabenakatta no desu ka?
> — Ē, tabetakatta n desu ga tabemasen deshita.

1. Nomanakatta no desu ka?   2. Yomanakatta no desu ka?   3. Ikanakatta no desu ka?   4. Kakanakatta no desu ka?   5. Kaeranakatta no desu ka?   6. Hanasanakatta no desu ka?   7. Kawanakatta no desu ka?   8. Iwanakatta no desu ka?   9. Shinakatta no desu ka?   10. Minakatta no desu ka?

g. Antworten Sie!

> Berurin-opera o mimasen ka? (hima ga arimasen)
> — Mitai n desu ga, hima ga arimasen.

1. Kore kara Tōkyō-kenbutsu o shimasen ka? (sukoshi tsukarete imasu)
2. Mō yasumimasen ka? (mada benkyō ga sumimasen)
3. Anata mo kabuki ni ikimasen ka? (kippu ga kaemasen)
4. Suisu de tokei o kaimashita ka? (okane ga arimasen deshita)
5. Kono kamera o kaimasen ka? (chotto takai desu ne)
6. Eiga o mimasen ka? (kyō wa chotto ...)
7. Nikkō e doraibu ni ikimasen ka? (kyō wa mada shigoto ga arimasu)

Übung 3

a. Ergänzen Sie!

> (irgend jemand)   ... kimashita yo!
>   — Dare ka kimashita yo!

(irgendwann)	... mata Tōkyō de aimashō.
(irgendwo)	... de sukoshi yasumimasen ka?
(von irgend jemandem)	... ni sono hanashi wa kikimashita.
(irgend jemanden)	... ni ano hito no namae o kikitai n desu.
(irgendwohin)	Konban ... e ikimasu ka?
(irgend jemandem)	Kono shigoto o ... ni tanomitai n desu ga ...
(irgendwann)	... hima ga arimasu ka?
(irgend etwas)	... omoshiroi nyūsu ga arimasu ka?
(irgend jemand)	... nihongo ga wakarimasu ka?
(irgend etwas)	... oishii mono o tabemashō.
(irgendwohin)	Ashita ... ni doraibu shimasen ka?

| (irgend jemand) | ... chotto kite kudasai! |
| (irgendwo) | ... kono hen ni yasui hoteru ga arimasu ka? |

b. Beantworten Sie die Fragen zum Text!

1. Kimura-san wa dare o tazunemashita ka?
2. Sore wa itsu deshita ka?
3. Maeda-san wa anata no tomodachi desu ka?
4. Kimurasantachi wa doko de yasumimashita ka?
5. Nyū-Tōkyō made aruite dono gurai kakarimasu ka?
6. Kimurasantachi wa nan de biya-hōru ni ikimashita ka?
7. Soko de nani o nomimashita ka?
8. Kimura-san wa biru o nanbai nomimashita ka?
9. Maeda-san wa opera ni ikimashita ka?
10. Kimura-san wa?

c. Übersetzen Sie ins Deutsche!

Myurā-san wa shichigatsu yōka ni Nihon ni kimashita.
Ima Sakamoto-san no uchi ni sunde imasu.
Myurā-san wa Sakamoto-san no tomodachi desu.
Futari wa sen-kyūhyaku-rokujūsan-nen kara rokujūgo-nen made issho ni Kerun*
no daigaku de benkyō shimashita.

S: Myurā-san, ashita wa Ginza ni kaimono ni ikimashō!
M: Ashita wa nichiyōbi desu yo. Mise wa yasumi ja arimasen ka?
S: Iie, Nihon de wa doyōbi mo nichiyōbi mo mise wa aite imasu.
M: Sō desu ka. Sore wa shirimasen deshita. Jā sō shimashō.

Futari wa chikatetsu de Ginza no depāto ni ikimashita.
Myurā-san wa atarashii waishatsu o kaitakatta n desu ga, ōkii waishatsu wa arimasen deshita.

10 Ryokō kara kaette

A

Kimura-san wa kinō genki ni ryokō kara kaette kimashita. Kyō Fujii-san ni o-miyage o motte kimashita.

Fujii: Ryokō wa ikaga deshita ka?
Kimura: Okagesama de totemo tanoshii ryokō deshita.
Fujii: Densha wa konde imashita ka?
Kimura: Iie, wariai ni suite imashita.
Fujii: O-tenki wa dō deshita ka?
Kimura: Zutto yokatta desu yo. Ame wa zenzen furimasen deshita. Fujisan ga hakkiri miemashita.

Fujii: Sō desu ka. Sore wa hontō ni yokatta desu ne. Kyōto ni mo irasshaimashita ka?
Kimura: Ē, ikimashita. Kyōto ni wa motto nagaku itakatta n desu ga, daiji na shigoto ga arimashita kara, kinō kaette kimashita.
Fujii: Kyōto wa hajimete desu ka?
Kimura: Ē, hajimete ikimashita.

Fujiisantachi wa nigiyaka ni hanashite imasu. Fujii-san no okusan mo soba de shizuka ni hanashi o kiite imasu. Jikan ga dondon sugite ikimasu.

Kimura: Taihen o-jama shimashita. Sorosoro shitsurei shimasu.
Fujii: Mō o-kaeri desu ka? Mada ii ja arimasen ka. Mō sukoshi yukkuri shite kudasai.
Kimura: Ē, arigatō gozaimasu. Demo yūbe osoku nemashita kara, kon'ya wa hayaku yasumitai n desu.

Fujii: Sō desu ka. Ja mata zehi chikai uchi ni asobi ni kite kudasai.

Kimura: Ē, kitto ukagaimasu. – Ā, sore kara kore wa sukoshi desu ga, Kyōto-meibutsu no o-kashi desu. Dōzo meshiagatte kudasai.

Fujii: Sore wa dōmo arigatō gozaimashi-ta.

---

ryokō kara kaette: die Rückkehr von der Reise; *ryokō:* Reise; *kara:* von
kaette: -te-Form von *kaeru; kaette kuru:* zurückkommen

B

o-miyage: Reiseandenken; Mitbringsel; Geschenk

motte kuru: (mit)bringen

ikaga deshita ka: höfliche Form von *dō deshita ka?*

totemo: sehr; in hohem Maße

tanoshii: angenehm; erfreulich; amüsant

konde iru: (von Fahrzeugen, Sälen usw.) voll sein; *suite iru:* leer sein

wariai ni: verhältnismäßig; relativ; ziemlich

zutto: bedeutet hier 'die ganze Zeit', 'ohne Unterbrechung', 'fortwährend'

ame (yuki/arare) ga furu: es regnet (schneit/hagelt)

zenzen ... nai: durchaus nicht; nicht das geringste; gar nicht

Fujisan: der Fuji-Berg (er heißt im Japanischen nicht *Fuji-yama*)

hakkiri: klar; deutlich

mieru: sich sehen lassen; zu sehen sein; man kann sehen

irasshaimashita ka: höfliche Form von *ikimashita ka?;* einfache Form *irassharu* kann auch die höfliche Form von *kuru* und *iru* sein

motto nagaku itakatta: ich wollte noch länger bleiben

daiji na shigoto: wichtige Arbeit

kara: weil

Kyōto wa hajimete desu: Ich bin zum ersten Mal in Kyoto. *hajimete:* zum ersten Mal

Fujii-san-tachi: hier: Fujii und die Leute mit ihm

nigiyaka: fröhlich; munter; lebhaft; lustig

nigiyaka ni hanashite imasu: sich munter unterhalten

shizuka ni hanashi o kiite imasu: ruhig zuhören (aufmerksam)

jikan ga dondon sugite ikimasu: die Zeit vergeht schnell; *dondon:* immerfort; schnell; laufend; *sorosoro:* langsam

taihen o-jama shimashita: Ich habe Sie lange aufgehalten. (Diese und die folgenden Redewendungen gebraucht man häufig am Ende eines Besuches. Die Übersetzungen sind sinngemäß.)

sorosoro shitsurei shimasu: Ich muß mich langsam verabschieden.

mō o-kaeri desu ka: Müssen Sie schon nach Hause gehen?

mada ii ja arimasen ka: Es ist doch noch früh.

mō sukoshi yukkuri shite kudasai: Bleiben Sie doch noch etwas!

chikai uchi ni asobi ni kite kudasai: Kommen Sie uns bald besuchen!

(kitto) ukagaimasu: Ich werde Sie (bestimmt) besuchen. Höflichkeitsform von *tazuneru*

demo: bedeutet hier 'aber'

yūbe: gestern abend, letzte Nacht; *kon'ya:* heute abend

osoku neru: spät zu Bett gehen; *hayaku yasumu:* früh zu Bett gehen; *yasumu* bedeutet hier 'schlafen'; Höflichkeitsform von *neru.*

ā sore kara: übrigens

kore wa sukoshi desu ga: sinngemäß: Hier ist eine Kleinigkeit für Sie. Oft wird *sukoshi* (wenig) durch *tsumaranai mono* (nichts Besonderes) ersetzt; Begleitworte beim Geschenk.

Kyōto-meibutsu: eine Spezialität aus Kyoto

dōzo meshiagatte kudasai: Bitte essen Sie es! *meshiagaru* ist die Höflichkeitsform von *taberu.*

C 1. Bildung der Adverbien

von den wirklichen Adjektiven abgeleitet	
Kyōto wa **yoku** shitte imasu.	Ich kenne Kyōto **gut.**
Yoru **osoku** nemashita.	Ich ging **spät** ins Bett.
Asa **hayaku** okimasu.	Ich stehe **früh** auf.

Von den wirklichen Adjektiven bildet man das Adverb, indem man die Endung -*i* durch -*ku* ersetzt:

yoi → *yoku; osoi* → *osoku.*

von den Quasi-Adjektiven und Nomen abgeleitet	
Nihongo o **jōzu ni** hanashimasu ne.	Sie sprechen **gut** Japanisch.
Hanashi o **shizuka ni** kiite imasu.	Sie hört ihm **still** zu.
Kinō **genki ni** kaette kimashita.	Gestern kam er **gesund** zurück.
Sore wa **hontō ni** yokatta desu ne.	Das war **wirklich** gut.
Tenki wa **hijō ni** warukatta.	Das Wetter war **sehr** schlecht.
Kisha wa **wariai ni** suite imashita.	Der Zug war **ziemlich** leer.

Von Quasi-Adjektiven und einigen Nomen bildet man Adverbien durch ein angehängtes *ni*.

von den Verben abgeleitet	
Sore wa **hajimete** mimashita.	Ich habe das **zum ersten Mal** gesehen.
Densha ni **isoide** norimashita.	Ich stieg **schnell** in die Bahn.
Eki made **aruite** ikimashō.	Bis zum Bahnhof gehen wir **zu Fuß**.
Min'na **yorokonde** eiga ni ikimashita.	Alle gingen **vergnügt** ins Kino.

Die *-te*-Form mancher Verben dient zur Wiedergabe von deutschen Adverbien.

2. Liste gebräuchlicher Adverbien

Totemo omoshiroi desu.	**Sehr** interessant.
Taihen yorokonde imasu.	(Er) freut sich **sehr**.
Hijō ni ii desu.	**Sehr** gut.
Sōtō muzukashii desu.	Es ist **recht** schwer.
Kanari atsui desu.	Es ist **ziemlich** warm.
Wariai ni yoku dekimashita.	Es ist **verhältnismäßig** gut gemacht.
Hotondo dekimashita.	Ich bin damit **fast** fertig.
Amari oishiku arimasen.	Es schmeckt **nicht so** gut.
Son'na ni waruku arimasen.	Es ist **nicht so** schlecht.
Chittomo takaku arimasen.	Es ist **gar nicht** teuer.
Sukoshimo kirei ja arimasen.	Es ist **gar nicht** schön.
Zenzen samuku arimasen.	Es ist **gar nicht** kalt.

amari, son'na ni, chittomo, sukoshimo und *zenzen* stehen meistens mit der verneinten Form.

Hontō ni dame desu ka?	Geht es **wirklich** nicht?
Tashika ni yasui desu ne.	Es ist **tatsächlich** billig.
Kanarazu kaeshite kudasai.	Geben Sie es **unbedingt** zurück.
Zehi asobi ni kite kudasai.	Besuchen Sie uns **unbedingt**.
Kitto kimasu yo.	**Sicher** kommt (er).
Yatto kaerimashita.	**Endlich** ging (er) zurück.
Hakkiri kaite kudasai.	Schreiben Sie bitte **deutlich!**
Yukkuri itte kudasai.	Sprechen/gehen Sie **langsam!**
Mata aimashō.	Wir sehen uns **wieder**.
Mada katte **imasen**.	Ich habe es **noch nicht** gekauft.
Mada ame ga futte **imasu**.	Es regnet (immer) **noch**.
Mō tabemashita.	Ich habe **schon** gegessen.
Mō shi**masen**.	Ich tue (es) **nie** wieder.
Mō sukoshi kudasai.	Geben Sie mir **noch etwas!**
Mō sukoshi yukkuri onegai shimasu.	Bitte **etwas** langsamer!
Mō ichido itte kudasai.	Sagen Sie (es) bitte **noch einmal!**
Mō hitotsu ikaga desu ka?	Nehmen Sie vielleicht **noch eins?**
Mō hitotsu wa takai desu.	**Das andere** ist teuer.
Mō hitori kimasu.	Es kommt **noch einer**.
Mō hitori wa Abe-san desu.	**Der andere** ist Herr Abe.
Kore wa **zutto** ii desu.	Das ist **viel** besser.
Sore wa **zutto** mukō ni arimasu.	Das ist **weit** drüben.
Kare wa **zutto** matte imashita.	Er hat **lange** gewartet.

mō bedeutet "schon", wenn es allein vor dem Verb steht. Wenn *mō* vor einer verneinten Verbform steht, bedeutet es "nicht mehr" oder "nie wieder". *mō sukoshi* bedeutet wörtlich "noch ein wenig"; oft bildet es eine Komparativform: *mō sukoshi hayaku* = (ein wenig) schneller. Wenn *mō* vor einem Zahlwort steht, bezeichnet es Zunahme; z. B. *mō ichido* = noch einmal; *mō futatsu* = noch zwei; *mō san'nin* = noch drei Personen. Oft bezeichnet *mō* "der/das/die andere": *Hitori wa nihonjin desu ga, mō hitori wa amerikajin desu.* = Einer ist Japaner, aber der andere ist Amerikaner.

zutto wird gebraucht als Ausdruck der Entfernung, Zeitdauer oder der Steigerung.

Kore wa **motto** yasui desu.	Das ist viel **billiger**.
Dōzo **motto** hayaku kite kudasai.	Bitte kommen Sie **früher!**
Kore ga **ichiban** yasui desu.	Das ist **am billigsten**.
Kore ga **ichiban** yasui kamera desu.	Das ist **die billigste** Kamera.

Im Japanischen gibt es keine Komparativ- und Superlativform im deutschen Sinne.
Man bildet die Komparativform mit dem Adverb *motto* und die Superlativform
mit *ichiban.*

3. Die Konjunktion "kara" (weil ...)

Shigoto ga arimashita **kara** kinō kaette kimashita.
Yūbe osoku nemashita **kara** kon'ya wa hayaku yasumimasu.

Weil ich noch zu tun hatte, bin ich gestern schon zurückgekommen.
Weil ich gestern spät ins Bett
gegangen bin, gehe ich heute früher schlafen.

Die deutsche Konjunktion "weil" wird mit *kara* wiedergegeben. *Kara* steht immer
am Ende des Satzes, der die Begründung angibt.

Deutsch	Aussage	Konj. + Grund	
	Geben Sie mir Geld,	**weil** ich ein Buch kaufe. (wörtl.)	
Jap.	Hon o kaimasu	**kara**	okane o kudasai.
	Hon o kau	**kara**	okane o kudasai.
	Grund	+ kara	Aussage

Das Verb in dem Satzteil mit *kara* steht häufig in der einfachen Verbform.

O-tenki ga **ii kara** sanpo ni ikimashō.
Mō **osoi kara** kaerimashō.
Kyō wa doyōbi **da kara** kaisha wa yasumi desu.
Kore wa kirei **da kara** anata ni agemasu.

Ist das Prädikat des Satzteils mit *kara* ein wirkliches Adjektiv, entfällt meist die
Kopula; ist das Prädikat des Satzteils mit *kara* ein Nomen oder ein Quasi-Adjek-
tiv, gebraucht man die Kopula *da (= desu).*
Man fragt nach dem Grund mit *naze* oder *dōshite* (warum?).

D Übung 1

a. Bilden Sie Sätze!

| hontō ni | — Hontō ni wakarimashita ka? |

hakkiri, yoku, mō, yatto, sukkari

b. Bilden Sie Sätze!

| zehi | — Zehi kite kudasai! |

mata, mō ichido, kanarazu, kitto, isoide

c. Wiederholen Sie Übung b. mit *ukagaimasu*!

| zehi | — Zehi ukagaimasu. |

d. Antworten Sie!

| Eki wa tōi desu ka? (totemo, amari)
 — Ē, totemo tōi desu.
 — Iie, amari tōku arimasen. |

taihen, sonna ni; hijō ni, chittomo; sōtō, sukoshimo; kanari, zenzen; wariai ni

e. Wiederholen Sie Übung d. mit dem folgenden Satz!

| Nihongo wa muzukashii desu ka? (totemo, amari)
 — Ē, totemo muzukashii desu.
 — Iie, amari muzukashiku arimasen. |

f. Dialogübung: ⚫⚫

| kuru | — Mō kimashita ka?
 — Ē, yatto kimashita. |

kaeru, kau, yomu, kaku, kaesu, suru

g. Wiederholen Sie Übung **f.**! 🔾🔾

> — Mō kimashita ka?
> — Iie, mada kite imasen

h. Antworten Sie mit "ja"! 🔾🔾

> Ano hito wa genki desu ka? (totemo)
> — Ē, totemo genki desu.

1. Tōkyō wa bukka (Warenpreis) ga takai desu ka? (hijō ni) 2. Sono eiga wa omoshiroi desu ka? (wariai ni) 3. Kinō wa tsukaremashita ka? (sukkari) 4. Ginza wa nigiyaka desu ka? (taihen) 5. Ano hito wa yoku hatarakimasu ne. (hontō ni)

i. Antworten Sie mit "nein"! 🔾🔾

> Sono mikan wa oishii desu ka? (chittomo)
> — Iie, chittomo oishiku arimasen.

1. Kyō no puroguramu* wa omoshiroi desu ka? (zenzen) 2. Ano hen wa shizuka desu ka? (amari) 3. Sono kikai (Apparat) wa benri desu ka? (sonna ni) 4. Katō-san ni yoku aimasu ka? (metta ni) 5. Samuku arimasen ka? (sukoshimo) 6. Yoku wakarimasu ka? (chittomo)

Übung 2

a. Üben Sie die Steigerung nach dem Muster!

> hayaku kimashita
> — Kare wa *hayaku kimashita*.
> — Kanojo wa motto *hayaku kimashita*.
> — Dare ga ichiban *hayaku kimashita* ka?

1. nagaku machimashita 2. yoku benkyō shimasu 3. (nihongo ga) jōzu desu
4. yūmei desu

b. Üben Sie die Steigerung nach dem Muster!

> Omoshiroi hon ga yomitai n desu.
> − Mō sukoshi *omoshiroi hon ga yomitai n desu.*
> − Motto *omoshiroi hon ga yomitai n desu.*
> − Ichiban *omoshiroi hon ga yomitai n desu.*

1. Ii kamera ga kaitai n desu.   2. Ōkii waishatsu o misete kudasai.   3. Yasui mise o shirimasen ka?   4. Muzukashii shigoto o shite imasu.

c. Dialogübung:

> takai − yasui
> A: Kore wa chotto takai desu. Motto yasui no o misete kudasai.
> B: Motto yasui no wa arimasen. Kore ga ichiban yasui n desu.

1. chiisai − ōkii   2. nagai − mijikai   3. kitanai − kirei (!)   4. amari yoku arimasen − ii   5. furui − atarashii   6. muzukashii − yasashii

d. *Mō?* oder *Motto?*

> Sukoshi matte kudasai.   Yukkuri itte kudasai.
> − Mō sukoshi matte kudasai.   − Motto yukkuri itte kudasai.

1. Hitotsu kaimashō ka?   2. Hakkiri itte kudasai.   3. Hitotsu ikaga desu ka?
4. Yukkuri aruite kudasai.   5. Gohyaku en hoshii desu.   6. Hayaku kite kudasai.
7. 5-fun machimashō.   8. Shujin wa nemashita.   9. O-kane ga irimasu.   10. O-kane wa irimasen.

e. Fügen Sie die Adverbien ein!

1. Min'na … … (nigiyaka) gohan o tabete imasu.
2. Sore wa kyō … (hajimeru) kikimashita.
3. Densha ni … (isogu) norimashita.
4. Dōzo … … (shizuka) kiite kudasai!
5. Nihongo wa … … (hontō) muzukashii desu ne.

Übung 3

a. Verbinden Sie die beiden Sätze durch *kara*!

Yoku wakarimasen. Mō ichido yukkuri itte kudasai.
— Yoku wakarimasen kara, mō ichido yukkuri itte kudasai.

1. Kyō wa mō osoi (desu). Shitsurei shimasu.
2. Kono kēki wa oishii (desu). Mō hitotsu itadakimasu.
3. Ano eiga wa yokatta. Mō ichido mimasu.
4. O-tenki ga warui. Uchi de terebi o mimashō.
5. Ima sugu kimasu. Chotto matte kudasai.
6. Asu wa hima ga arimasen. Kayōbi ni kite kudasai.
7. Kuruma o kaimashita. Mō okane ga arimasen.
8. Ano mise wa takai. Mō kaimasen.
9. Asu wa doyōbi da. Kaisha wa yasumi desu.
10. Kono tegami wa daiji da. Sutenai de kudasai.

b. Antworten Sie auf die Fragen!

Naze kore o tabenai n desu ka? (oishiku nai)
— Oishiku nai kara tabenai n desu.

1. Naze sanpo ni ikanai n desu ka? (tsukarete iru)
2. Naze sono mise de kau n desu ka? (shinamono ga yasukute ii)
3. Naze kuruma o kawanai n desu ka? (okane ga nai)
4. Naze ryokō ga dekinai n desu ka? (hima ga nai)
5. Naze ima uchi ni kaeru n desu ka? (sanji ni tomodachi ga kuru)
6. Dōshite kekkon shinai n desu ka? (ii hito ga inai)
7. Dōshite kono basu ni noranai n desu ka? (konde iru)
8. Dōshite son'na ni takusan hana o kau n desu ka? (kyō wa kanai no tanjōbi da)
9. Dōshite Nihon e iku n desu ka? (nihongo no benkyō ga shitai)
10. Dōshite kinō konakatta n desu ka? (daiji na shigoto ga atta)

11 O-mimai

A Ishida-san no okusan wa senshū mōchō no shujutsu o shimashita. Tōka nyūin shite imashita ga kinō tai'in shimashita. Ishida-san wa okusan ga nyūin shite iru aida mainichi mimai ni ikimashita. Kaisha ni iku mae wa jikan ga arimasen kara, itsumo shigoto ga owatte kara ikimashita. Okusan ga mata genki ni naru made Matsu-san ga sōji ya sentaku o shimasu.

Matsu: Okusama sugu o-shokuji ni shi-mashō ka?

Ishida: Sō ne ... Mō sukoshi ato ni shite kudasai.

Matsu: Hai.
Hoka ni go-yō wa gozaimasen ka?

Ishida: Chotto sono terebi no oto o ōki-ku shite kudasai.

Matsu: Kono gurai de ii desu ka?

Ishida: Ē. Sorekara mō sukoshi akaruku shite kudasai.

Gogo 5-ji goro Tanaka-san ga mimai ni kimashita.

Tanaka: O-kagen wa ikaga desu ka?

Ishida: Ē, okagesama de ... Sukkari yoku narimashita.

Tanaka: Anata ga nyūin shita to kiita toki hontō ni bikkuri shimashita. Shibaraku rusu o shite imashita kara, ototoi go-shujin ni au made chittomo shirimasen deshita.

Ishida: Dōmo iroiro go-shinpai kakemashita. Demo mō daijōbu desu.

Tanaka: Hontō ni karada wa daiji ni shite kudasai ne. Muri o shite wa ikemasen.

Matsu-san ga o-cha to o-kashi o motte kimashita.

Ishida: O-cha o hitotsu dōzo!

Tanaka: Arigatō gozaimasu. Dōzo okamai naku ...

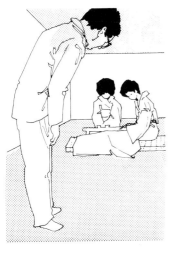

Futari ga hanashite iru uchi ni Ishida-san no go-shujin ga kaette kimashita.

Ishida (goshujin): Tadaima!

Ishida (okusan): Okaerinasai!

o-mimai: hier: Krankenbesuch

senshū: letzte Woche; konshū: diese Woche; raishū: nächste Woche

mōchō no shujutsu o suru: die Blinddarmoperation ausführen (aus der Sicht des Arztes); den Blinddarm operieren lassen (aus der Sicht des Patienten)

nyūin suru: ins Krankenhaus eingeliefert werden

tai'in suru: aus dem Krankenhaus entlassen werden

aida: während (temporal)

mae: bevor (temporal); kaisha ni iku mae: bevor man ins Büro geht

kara: nachdem (temporal)

B

genki ni naru: gesund werden

sōji ya sentaku: Putzen und (oder) Waschen

okusama = okusan. *-sama* ist die Höflichkeitsform von *-san*

o-shokuji: die Höflichkeitsform von „das Essen". *shokuji/gohan ni suru:* eine Mahlzeit einnehmen; beachten Sie: *shokuji (o) suru* → essen

sō ne ...: etwa wie im Deutschen: hum ...; Ausdruck der Unentschlossenheit

ato ni suru: verschieben; später tun; *mō sukoshi ato ni shite kudasai:* etwas später, bitte

hoka ni go-yō wa gozaimasen ka?: Gibt es sonst noch etwas zu tun? *gozaimasu* (negativ: *gozaimasen*) ist die Höflichkeitsform von *arimasu.*

oto: Ton; Laut

ōkiku suru: groß (größer) machen; *akaruku suru:* hell (heller) machen

gogo: Nachmittag; *gozen:* Vormittag; *5-ji goro:* gegen fünf Uhr

o-kagen wa ikaga desu ka? (go-kigen ikaga desu ka?): Wie geht es Ihnen? – So fragt man meistens Patienten; mit der Form in Klammern kann man außer Patienten auch andere Leute (nach dem Befinden) fragen.

yoku naru: gut (besser) werden

... to kiita toki: Als ich hörte, daß ...

bikkuri suru: überrascht sein

shibaraku: einige Zeit lang;

rusu o suru: abwesend sein; nicht zu Hause sein

dōmo (iroiro) go-shinpai kakemashita: Ich habe Ihnen (eine Menge) Sorgen gemacht. Als Erwiderung auf ein aufmerksames Verhalten des Gesprächspartners; z. B. auch bei der Entgegennahme eines Geschenkes.

mō daijōbu desu: Es ist keine Gefahr mehr, oder: der Patient ist außer Gefahr.

karada o daiji ni suru: sich schonen

muri o shite wa ikemasen: Sie dürfen sich nicht übernehmen.

ocha o hitotsu dōzo: wörtl.: Trinken Sie eine Tasse Tee, bitte!

dōzo okamai naku ...: Machen Sie keine Umstände!

hanashite iru uchi ni: während man sich unterhält; *uchi (ni):* während

tadaima: wörtl.: jetzt. Hier bedeutet es "Guten Tag!" – Grußformel beim Heimkommen.

okaerinasai: Guten Tag! Grußformel beim Empfang des Nach-Hause-Zurückkommenden.

1. Nomen + "suru"

nyūin (o) **suru**	ins Krankenhaus eingeliefert werden
tai'in (o) **shimasu**	das Krankenhaus verlassen
shujutsu (o) **shimashita**	(Er) wurde operiert.
sōji (o) **shite** kudasai	Bitte machen Sie (es) sauber!
sentaku (o) **shite** imasu	(Sie) wäscht jetzt.

Viele Nomen werden zusammen mit dem Wort *suru* als Verben verwendet und bezeichnen "etwas tun". *o* vor dem Wort *suru* kann entfallen.

Mōchō o **shujutsu shimashita.**	Ich ließ mich am Blinddarm operieren.
Heya o **sōji shite kudasai.**	Putzen Sie bitte das Zimmer!
Shitagi o **sentaku shite imasu.**	Sie wäscht die Unterwäsche.

Wenn das vom Nomen abhängige Verb ein Akkusativobjekt hat, muß die Partikel *o* vor *suru* entfallen.

Mōchō no shujutsu **o** shimashita.
Heya no sōji **o** shite kudasai.
Shitagi no sentaku **o** shite imasu.

Wenn das vom Nomen abhängige Verb ein Genitivattribut hat, darf die Partikel *o* vor *suru* nicht entfallen.

2. Adjektiv + "suru"

Adjektiv		→		Verben
groß	ōki-i	→	ōki-**ku** suru	groß machen
hell	akaru-i	→	akaru-**ku** suru	hell machen
sauber	kirei **na**	→	kirei **ni** suru	sauber machen
einfach	kantan **na**	→	kantan **ni** suru	einfach machen

Einige Verben sind von einem Adjektiv abgeleitet. Dabei wird die Adjektivendung *i* zu *-ku* und die Quasi-Adjektivendung *na* zu *ni*.

3. "... ni suru"

Karada o **daiji ni shite** kudasai.	Achten Sie auf Ihre Gesundheit! (wörtl.: Nehmen Sie den Körper wichtig!)
Shizuka ni shite kudasai.	Ich bitte Sie um Ruhe!
Sore wa **ato ni shimashō.**	Das machen wir später.
Dore ni shimashō ka?	Welches nehmen wir?

Die Bedeutung von *suru* (wörtl. tun, machen) ist sehr flexibel, so bezeichnet es z. B. auch Benehmen, Entscheidung, Auswahl usw.

4. "... ni naru, ... -ku naru"

byōki **ni naru**	krank werden	waru**ku naru**	schlecht werden
genki **ni naru**	gesund werden	yo**ku naru**	besser werden

naru bedeutet "werden"; Konstruktion: Nomen + *ni* + *naru* oder Adjektiv in *ku*-Form + *naru*.

5. Temporalkonjunktionen

"... toki" (als/wenn)

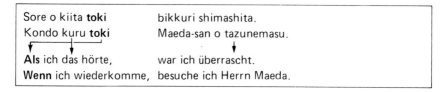

Sore o kiita **toki**	bikkuri shimashita.
Kondo kuru **toki**	Maeda-san o tazunemasu.
Als ich das hörte,	war ich überrascht.
Wenn ich wiederkomme,	besuche ich Herrn Maeda.

toki bezeichnet den Zeitpunkt und entspricht den deutschen Konjunktionen "als" und "wenn". Die Partikel *wa* ist einzusetzen, wenn der Sprecher den *toki*-Satz als Thema bezeichnen will. *toki* kann durch die Partikel *ni* verstärkt werden. *toki (ni) wa* entspricht dem deutschen "(immer dann), wenn ...": *Byoki no toki (ni) wa isha ni ikimasu.* — (Immer) wenn ich krank bin, gehe ich zum Arzt.

"... mae ni" (bevor)

| Kaisha ni iku **mae ni** | shinbun o yomimasu. |
| Koko ni kuru **mae ni** | Ōsaka ni sunde imashita. |
| Bevor ich zum Büro gehe, lese ich die Zeitung. |
| Bevor ich hierher kam, hatte ich in Osaka gewohnt. |

mae erfordert immer die einfache Präsensform: *koko ni kuru* (nicht *kita*) *mae.*
Bei der Schilderung eines Ereignisses in der Vergangenheit steht nur die Verbform des Hauptsatzes in der Vergangenheit. Bei verneinter Verbform des Hauptsatzes steht *wa* anstelle von *ni. Kaisha ni iku mae wa shinbun o yomimasen.*

"... ato de" (nachdem)

| Shigoto ga owatta **ato de** | mimai ni ikimashita. |
| Benkyō shita **ato de** | terebi o mimasu. |
| Nachdem ich mit meiner Arbeit fertig war, habe ich einen Krankenbesuch gemacht. |
| Nachdem ich Schulaufgaben gemacht habe, sehe ich fern. |

Nach *ato* steht *de,* niemals *ni;* in der Unterhaltung kann *de* wegfallen. *ato de* erfordert immer die Vergangenheitsform *-ta/-da.* Die Verbform des Hauptsatzes kann Präsens oder Vergangenheit sein. Anstelle von *-ta/-da ato de* ist auch die Form *-te/-de kara* gebräuchlich: *shigoto ga owatte kara ...; biru o nonde kara ... -te/-de kara* hat außerdem die Bedeutung "seit": *byōki shite kara:* seit ich krank geworden bin ...

"... aida/uchi ni" (während)

| Nyūin shite iru **aida** | mainichi mimai ni ikimashita. |
| Gohan o taberu **aida** | terebi wa mimasen. |
| Während sie im Krankenhaus war, besuchte ich sie jeden Tag. |
| Während ich esse, sehe ich nicht fern. |

| Futari ga hanashite iru **uchi ni** | go-shujin ga kaette kimashita. |
| Anata ga sentaku shite iru **uchi ni** | heya o sōji shimasu. |
| Während sich die beiden unterhielten, kam ihr Mann zurück. |
| Während Sie (die Wäsche) waschen, putze ich das Zimmer. |

aida bezeichnet die Zeitdauer eines Geschehens. *uchi ni* wird gebraucht, wenn während eines Geschehens ein anderes Ereignis eintritt.

"... nai uchi ni" (bevor/ehe)

Ame ga fura-**nai uchi ni**   kaerimashō.
Ame ga yama-**nai uchi wa**   kaerimasen.

Laßt uns nach Hause gehen, **ehe** es regnet.
Ich gehe nicht nach Hause, **bevor** der Regen aufhört.

uchi nach der verneinten Verbform bedeutet "bevor", "ehe". Bei positiver Verbform des Hauptsatzes wird die Partikel *ni* hinzugefügt, bei verneinter Verbform *wa*.

"... made" (bis)

Go-shujin ni au **made**   sore o shirimasen deshita.
Anata ga kaeru **made**   matte imasu.

Bis ich Ihren Mann traf, wußte ich es nicht. (wörtl.)
Bis Sie zurückkommen, warte ich.

made erfordert die einfache Verbform im Präsens, auch dann, wenn in der deutschen Übersetzung die Vergangenheitsform stehen muß.

6. Die einfache Form der Verben in der Vergangenheit

	positiv	negativ
iru	i-**ta**	i-**nakatta**
miru	mi-**ta**	mi-**nakatta**
dekiru	deki-**ta**	deki-**nakatta**
taberu	tabe-**ta**	tabe-**nakatta**
kaku	kai-**ta**	kaka-**nakatta**
kiku	kii-**ta**	kika-**nakatta**
hataraku	hatarai-**ta**	hataraka-**nakatta**
hanasu	hanashi-**ta**	hanasa-**nakatta**
kau	kat-**ta**	kawa-**nakatta**
aru	at-**ta**	**nakatta**
au	at-**ta**	awa-**nakatta**

	positiv	negativ
wakaru	wakat-**ta**	wakara-**nakatta**
shiru	shit-**ta**	shira-**nakatta**
kaeru	kaet-**ta**	kaera-**nakatta**
yomu	yon-**da**	yoma-**nakatta**
nomu	non-**da**	noma-**nakatta**
kuru	ki-**ta**	ko-**nakatta**
suru	shi-**ta**	shi-**nakatta**
iku	it-**ta**	ika-**nakatta**
iu	it-**ta**	iwa-**nakatta**

Die einfache Verbform der Vergangenheit bildet man mit der Endung -ta (-da);
sie tritt an die Stelle der Endung -te (-de) im Präsens, z. B. *tabe-te → tabe-ta,
yon-de → yon-da* usw. Ebenso bildet man die verneinte Form mit der Endung
-nakatta an Stelle der Endung -nai. Beispiel: *tabe-nai → tabe-nakatta, yoma-nai →
yoma-nakatta.*

Übung 1

D

a. Lernen Sie die Wörter!

denwa (Telefon) — denwa suru (telefonieren)
yakusoku (Verabredung, Versprechen) — yakusoku suru (sich verabreden, versprechen)
renshū (Übung) — renshū suru (üben)
anshin (Beruhigung) — anshin suru (sich beruhigen)
shinpai (Sorge) — shinpai suru (sich Sorge machen)
enryo (Zurückhaltung) — enryo suru (sich zurückhalten)
jama (Störung) — jama suru (stören)
shōkai (Vorstellung) — shōkai suru (vorstellen)
henji (Antwort) — henji suru (antworten)

b. Antworten Sie! ⚫⚫ (1–5)

Itsu tai'in suru n desu ka?	— Asu tai'in shimasu.

1. Itsu kekkon suru n desu ka? 2. Itsu benkyō suru n desu ka? 3. Itsu henji suru n desu ka? 4. Itsu shujutsu suru n desu ka? 5. Itsu yakusoku suru n desu ka?

c. Antworten Sie! ⚫⚫ (1–5)

> Amari shinpai shinai de kudasai.
> — Ē, mō shinpai shimasen.

1. Amari jama shinai de kudasai. 2. Amari enryo shinai de kudasai. 3. Amari denwa shinai de kudasai. 4. Amari muri shinai de kudasai. 5. Amari ryokō shinai de kudasai.

d. Dialogübung:

> A: Mō denwa shimashita ka?
> B: Iie, mada desu.
> A: Ja sugu denwa shite kudasai.
> B: Demo denwa shitaku nai n desu.

renshū suru, nyūin suru, henji suru, sōji suru, shōkai suru

e. Antworten Sie nach dem Muster!

> — Nani o shite imasu ka? (benkyō)
> — Benkyō shite imasu.
>
> — Nani o benkyō shite imasu ka? (nihongo)
> — Nihongo o benkyō shite imasu.
>
> — Nan no benkyō o shite imasu ka? (nihongo)
> — Nihongo no benkyō o shite imasu.

sōji — kuruma, sentaku — waishatsu, renshū — piano, kenbutsu — machi

Übung 2

a. Lernen Sie die Wörter!

hiroi (breit) — hiroku suru, hiroku naru
semai (eng) — semaku suru, semaku naru
nagai (lang) — nagaku suru, nagaku naru
mijikai (kurz) — mijikaku suru, mijikaku naru
kurai (dunkel) — kuraku suru, kuraku naru
kantan na (einfach) — kantan ni suru, kantan ni naru
kanzen na (vollkommen) — kanzen ni suru, kanzen ni naru
jiyū na (frei) — jiyū ni suru, jiyū ni naru
shizuka na (ruhig) — shizuka ni suru, shizuka ni naru

b. Antworten Sie! 🔘⭕

Hiroku suru n desu ka?	— Ē, hiroku shitai n desu.

1. Semaku suru n desu ka? 2. Nagaku suru n desu ka? 3. Mijikaku suru n desu ka? 4. Chiisaku suru n desu ka? 5. Ōkiku suru n desu ka? 6. Akaruku suru n desu ka?

c. Antworten Sie! 🔘⭕

Motto yoku shite kudasai.	— Mō kore ijō yoku narimasen.

1. Motto nagaku shite kudasai. 2. Motto yasuku shite kudasai. 3. Motto kuraku shite kudasai. 4. Motto kantan ni shite kudasai. 5. Motto kirei ni shite kudasai. 6. Motto kanzen ni shite kudasai.

d. Antworten Sie! 🔘⭕

Genki desu ka?	— Ē, genki ni narimashita.

1. Byōki desu ka? 2. Yūmei desu ka? 3. Jiyū desu ka? 4. Kirei desu ka? 5. Shizuka desu ka? 6. Kanzen desu ka?

e. Verbinden Sie die beiden Sätze!

Kodomo ga nete imasu. Shizuka ni shite kudasai.
— Kodomo ga nete imasu kara, shizuka ni shite kudasai.

1. Ima hima ga arimasen. Ashita ni shite kudasai.
2. Kodomo ga ōkiku narimashita. Hima ni narimashita.
3. Enryo wa irimasen. Raku ni shite kudasai.
4. Kimura-san wa yūmei ni narimashita. Isogashiku narimashita.
5. Onaka ga sukimashita. Gohan ni shimasen ka?

Übung 3

a. Antworten Sie! 🔘⭕ (1—5)

Itsu dekiru?	— Mō dekita.

1. Itsu taberu? 2. Itsu kiku? 3. Itsu hanasu? 4. Itsu kau? 5. Itsu yomu?
6. Itsu nomu? 7. Itsu kuru? 8. Itsu iku? 9. Itsu iu? 10. Itsu suru?

b. Antworten Sie! 〇〇 (1—5)

Dekita?	— Iie, dekinakatta.

1. Tabeta?   2. Kiita?   3. Hanashita?   4. Katta?   5. Yonda?   6. Nonda?   7. Kita?
8. Itta?   9. Itta? (iu)   10. Shita?

Übung 4

a. Bilden Sie Sätze!

tegami ga kuru
— Tegami ga kuru made, shinpai shimashita.

1. nyūsu o kiku   2. henji o morau   3. genki na kao o miru   4. hikōki ga tsuku

b. Bilden Sie Sätze!

sore o hajimeru
— Sore o hajimeru mae ni, yoku kangaete kudasai.

1. sono kuruma o kau   2. ano hito to kekkon suru   3. sore o kimeru   4. kare ni sore o hanasu

c. Bilden Sie Sätze!

Sapporo ni tsuku
— Sapporo ni tsuita toki, yuki ga futte imashita.

1. kaisha o deru   2. kono ko ga umareru   3. densha o oriru   4. me ga sameru

d. Bilden Sie Sätze!

okyakusan ga kaeru
— Sono hanashi wa okyakusan ga kaetta ato de, mō ichido yukkuri kikimashō.

1. shigoto ga owaru   2. kodomo ga neru   3. kare ni au   4. anata ga tai'in suru

e. Bilden Sie Sätze!

terebi o miru
— Terebi o mite iru uchi ni, gakkō ni okuremashita.

1. tomodachi to hanasu   2. omoshiroi hon o yomu   3. rekōdo o kiku   4. yukku-ri gohan o taberu

f. Setzen Sie *ni* oder *wa* ein!

1. Ame ga furanai uchi ... kaerimashō.
   Ame ga yamanai uchi ... kaerimasen.
2. Ocha ga samenai uchi ... nonde kudasai.
   Ocha ga samenai uchi ... nomemasen.
3. Henji ga konai uchi ... nani mo dekimasen.
   Henji ga konai uchi ... sore o shite mo ii n desu ka?
4. Shigoto ga sumanai uchi ... uchi ni kaerimasen.
   Shigoto ga sumanai uchi ... 5-ji ni narimashita.
5. Sore o wasurenai uchi ... kare ni hanashite kudasai.
   Sore o wasurenai uchi ... dame desu.

g. In welchem Satz ist die Partikel *ni* zur Ergänzung erforderlich?

1. a) Kodomo ga nete iru aida ... shizuka ni shite kudasai.
   b) Kodomo ga nete iru aida ... sentaku o shimashita.
2. a) Shujin ga ryokō shite iru aida ... mainichi tegami o kakimashita.
   b) Shujin ga ryokō shite iru aida ... kodomo ga byōki ni narimashita.
3. a) Tanaka-san o matte iru aida ... hagaki o 2-mai kakimashita.
   b) Tanaka-san o matte iru aida ... kissaten ni imashita.
4. a) Abe-san ga biru o nonde iru aida ... (okusan wa) bangohan o yōi shimashita.
   b) Abe-san ga biru o nonde iru aida ... (okusan wa) soba ni suwatte imashita.
5. a) Gohan o taberu aida ... matte kudasai.
   b) Gohan o tabete iru aida ... ame ga yamimashita.

h. Übersetzen Sie ins Deutsche!

1. Denwa shite kara kite kudasai.
2. Mō sukoshi suzushiku natte kara Kyōto ni ikimashō.
3. Shujutsu o shite kara futorimashita.
4. Ame ga yande kara dekakemashō.
5. Kuni e kaette kara kekkon shimasu.

Worterklärung:
suzushiku naru: (es) wird kühl
futoru: zunehmen
dekakeru: ausgehen

12 Yūbinkyoku de

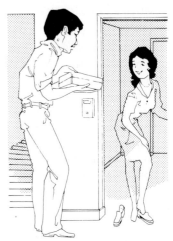

A Yamada-san ga genkan de kutsu o haite iru toki Gotō-san ga kimashita. Gotō-san wa Yamada-san to onaji apāto* ni sunde imasu.

Gotō:	Sukoshi o-jama shite mo ii desu ka?
Yamada:	Ē, dōzo.
Gotō:	Demo doko ka ni o-dekake ja arimasen ka?
Yamada:	Yūbinkyoku ni iku tsumori de- shita ga, ato ni shimashō.
Gotō:	Kyō wa doyōbi da kara, ima itta hō ga ii desu yo.
Yamada:	Jā sugu kaette kimasu kara, chot- to matte ite kudasai.
Gotō:	Sore made terebi o mite mo ii desu ka?

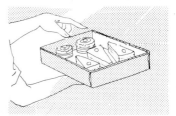

Yamada:	Dōzo go-enryo naku. Atarashii zasshi ga tsukue no ue ni arimasu kara, yonde mo ii desu yo. 3-ji go- ro Toda-san mo kuru hazu desu kara, kaeri ni kēki o katte kimasu.
Gotō:	Kēki wa kawanakute mo kekkō desu yo. Koko ni motte kimashi- ta kara.
Yamada:	Sore wa dōmo ... Ja itte kimasu!
Gotō:	Itterasshai! Dōzo go-yukkuri!

Yūbinkyoku no madoguchi wa konde ima-shita. Yamada-san wa shibaraku narande ma-tanakereba narimasen deshita.

Kyokuin: Oya, kono tegami ni nani ka haitte imasu ne.

Yamada: Hai, o-kane ga haitte imasu.

Kyokuin: Tegami ni genkin o irete wa ike-masen.

Yamada: Jā genkin wa dō shite okuru n desu ka?

Kyokuin: Genkin-fūtō o tsukawanakute wa ikemasen.

Yamada: Genkin-fūtō no naka ni tegami o irete mo ii n desu ka?

Kyokuin: Ē, irete mo kekkō desu yo.

Yamada: Jā sono fūtō o 1-mai kudasai. — Kono bōrupen o chotto karite mo ii desu ka?

Kyokuin: Iie, sore o tsukatte wa komari-masu. Mukō no tsukue no ue ni pen ga arimasu kara, sore o tsu-katte kudasai.

genkan de kutsu o haku: im (Haus-)Flur zieht man die Schuhe an. Dort muß man auch die Schuhe ausziehen (*kutsu o nugu*), wenn man in das japanische Haus tritt. **B**
onaji apāto: das gleiche Wohngebäude
sukoshi o-jama shite mo ii desu ka?: Darf ich auf eine Weile zu Ihnen hereinkom-men?
...-te mo ii desu ka?: darf ich ...?; *...-te mo kekkō desu:* Sie dürfen (höfl. Form)
dekakeru (höflich: *odekake*): ausgehen; *o-dekake desu ka?:* Wollen Sie ausgehen?
tsumori desu: wollen, vorhaben
...-nakereba narimasen/...-nakereba ikemasen: müssen
ikanakereba narimasen: ich muß gehen
ikanakereba ikemasen: Sie müssen gehen
... hō ga ii: besser; *itta hō ga ii:* besser zu gehen
kaette kimasu: hierher zurückkommen
go-enryo naku: ohne Umstände
... hazu: sollen; *kyō kuru hazu desu:* er soll heute kommen
kaeri ni: auf dem Rückweg
katte kuru: (etw.) kaufen und (es) bringen; einkaufen

motte kuru: mitbringen

...-nakute mo kekkō desu/...-nakute mo ii desu: Sie brauchen nicht ...

itte kimasu: höflich — *itte mairimasu.* wörtl.: ich gehe weg. Hier: "Auf Wiedersehen!". Abschiedsformel beim Weggehen eines Familienangehörigen oder Hausbe-
wohners.

itterasshai (itte irasshai): "Auf Wiedersehen!" Abschiedsformel der zurückbleiben-
den Familienmitglieder oder Hausbewohner.

(dōzo) go-yukkuri: Lassen Sie sich Zeit!

madoguchi: Schalter

narande matsu: Schlange stehen

Kyokuin: bedeutet hier "Postbeamter"; Abkürzung von "yūbin-kyokuin"

nani ka haitte iru: etwas drin sein

ireru: hinein tun; hinein legen; *tegami ni genkin o irete wa ikemasen:* sinngemäß:
Sie dürfen kein Bargeld im Brief verschicken.

genkin: Bargeld; *genkin-fūtō:* ein besonderer Umschlag, in dem man Bargeld verschicken kann.

dō shite: hier: wie; auf welche Weise

okuru: schicken; verschicken

tsukau: benutzen

kariru (karite mo ii desu ka?): bedeutet hier "borgen". (Darf ich mir diesen Kugelschreiber ausleihen?)

...-te wa komarimasu: (das) bringt mich in Verlegenheit

C 1. Modalverben

"...-te mo ii" (dürfen)

O-jama shi-**te mo ii desu ka?**	Darf ich Sie stören?
Terebi o mi-**te mo ii desu ka?**	Darf ich fernsehen?
Genkin o ire-**te mo ii desu ka?**	Darf ich das Bargeld hineintun?
Kono hon o yon-**de mo ii desu ka?**	Darf ich dieses Buch lesen?

Die Frage "Darf ich ...?" wird mit der *-te*-Form des Verbs und nachfolgendem
mo ii desu ka? gebildet.

Ē, dōzo!	Ja, bitte!
Ē, mi-**te mo ii desu** yo.	Ja, Sie dürfen fernsehen.

Hai, ire-**te mo kamaimasen.**	Ja, du kannst es ruhig hineintun.
Hai, yon-**de mo kekkō desu.**	Ja, Sie dürfen es lesen.

-*te mo* drückt eine Bedingung aus "wenn"; *ii desu ka?* bedeutet wörtlich: "ist es gut?"; *O-jama shite mo ii desu ka?:* Macht es Ihnen etwas aus, wenn ich Sie störe? → Darf ich Sie stören?
kamaimasen (kamau) bedeutet "das macht (mir) nichts aus"; *kekkō desu* ist die höfliche Form von *ii desu,* kann aber nicht für die 1. Person gebraucht werden.

"...-te wa ikemasen" (dürfen ... nicht)

Iie, **ikemasen.**	Nein, das geht nicht.
Iie, terebi o mi-**te wa ikemasen.**	Nein, Sie dürfen nicht ...
Iie, sore **wa komarimasu.**	Nein, das bringt mich in Verlegenheit.
Iie, sono hon o yon-**de wa dame desu.**	Nein, Sie dürfen nicht ...

Diese Formen bedeuten eine scharfe Ablehnung oder ein Verbot.
Beachten Sie: In der Bitte steht immer -*te/-de mo,* in der scharfen Ablehnung -*te/-de wa.* Als höfliche Ablehnungsform wird die Form -*nai de kudasai* (s. S. 83) gebraucht; z. B. *Kore o mite mo ii desu ka? Iie, minai de kudasai.*

"...-nakute wa narimasen" (müssen)

Yūbinkyoku ni ika-**nakute wa narimasen.**	Ich muß zur Post.
Narande mata-**nakute wa narima-sen deshita.**	Ich mußte Schlange stehen (und warten).
Genkin-fūtō o tsukawa-**nakute wa ikemasen.**	Sie müssen den Bargeldumschlag be-nutzen.

Die verneinte -*te*-Form mit *wa narimasen* oder *wa ikemasen* entspricht dem deutschen "müssen". Anstelle der verneinten -*te*-Form gebraucht man häufig die Form -*nakereba;* z. B. *Yūbinkyoku ni ika-nakereba narimasen.* Dabei fällt die Partikel *wa* aus.
Beachten Sie: Wird das Verb "müssen" in bezug auf andere Personen gebraucht, so heißt es *ikemasen;* in bezug auf die eigene Person dagegen heißt es *narimasen.*

"... -nakute mo ii" (brauchen nicht)

Mata-**nakute mo ii desu.**	Sie brauchen nicht zu warten.
Ima ika-**nakute mo kamaimasen.**	Es ist nicht nötig, jetzt zu gehen.
Kēki wa kawa-**nakute mo kekkō desu.**	Sie brauchen keinen Kuchen zu kaufen.

"... tsumori" (wollen)

Anata wa nani o suru **tsumori desu** ka?	Was haben Sie vor?
Kare ni nani o ageru **tsumori desu** ka?	Was wollen Sie ihm schenken?
Hon o yomu **tsumori deshita.**	Ich wollte Bücher lesen.
Shigoto wa shinai **tsumori deshita.**	Ich beabsichtigte nicht zu arbeiten.

Die einfache Verbform im Präsens mit *tsumori desu* (Vergangenheitsform: *tsumori deshita*) bezeichnet ein "Wollen", "Vorhaben" oder eine "Absicht".

"... hazu" (sollen)

Kare wa kyō kuru **hazu desu.**	Er soll heute kommen.
Kono eiga wa omoshiroi **hazu desu.**	Dieser Film soll interessant sein.
Kare wa kekkon shita **hazu desu.**	Er soll geheiratet haben.
Kisha wa mō tsuita **hazu desu.**	Der Zug soll angekommen sein.

hazu desu bezeichnet eine starke Vermutung mit einer bestimmten Erwartung. Wenn sich die Vermutung auf die Gegenwart oder Zukunft bezieht, folgt *hazu desu* auf eine Adjektiv- oder einfache Verbform im Präsens. Wenn der Inhalt der Vermutung in der Vergangenheit liegt, steht die Adjektiv- oder einfache Verbform in der Vergangenheit unmittelbar vor *hazu desu*. Beachten Sie: *Kare wa kinō kita hazu desu.* → Er soll gestern gekommen sein. *Kare wa kinō kuru hazu deshita.* → Er sollte gestern kommen (, aber in Wirklichkeit kam er nicht). Für die einfache Vermutung benutzt man ... *deshō*.

2. Vergleich — "... hō ga ... ii"

Ima **itta hō ga ii** desu yo.	Es ist besser, jetzt zu gehen.
Koko de **katta hō ga** yasui deshō.	Es ist wohl billiger, hier zu kaufen.
O-sake wa **nomanai hō ga ii.**	Es ist besser, keinen Sake zu trinken.
Kyō no hō ga tsugō ga ii.	Mir paßt es heute besser.

hō ist ein Nomen und bedeutet eine von zwei Seiten (Richtungen, Möglichkeiten). *hō ga ...* bezeichnet daher einen Vergleich im Sinne des deutschen Komparativs. *hō ga ...* folgt einer einfachen Verbform in der Vergangenheit oder auch im Präsens (z. B. *ima iku hō ga ii*). Wenn dieses Verb in der Verneinungsform steht, ist es meistens im Präsens (z. B. *ikanai hō ...*). Wenn ein Nomen vor dem Wort *hō* steht, wird noch ein *no* dazwischen gesetzt (z. B. *Kyō no hō ga ii; Chikatetsu no hō ga hayai.* usw.).

Übung 1

D

a. Antworten Sie! **◑◐** (1–5)

Ashita kite mo ii desu ka?	— Ē, kite mo kamaimasen.

1. Kono rekōdo o kiite mo ii desu ka? 2. Kono techō ni kaite mo ii desu ka? 3. Ano tokei o katte mo ii desu ka? 4. Mō kaette mo ii desu ka? 5. Kono heya ni ite mo ii desu ka? 6. Konban kabuki ni itte mo ii desu ka? 7. Okusan ni atte mo ii desu ka? 8. Heya ni haitte mo ii desu ka? 9. Ano hito ni heya o kashite mo ii desu ka? 10. Kore wa mō sutete mo ii desu ka?

b. Antworten Sie!

Mō kaette mo ii desu ka? (mada ...)	— Iie, mada kaette wa ikemasen.

1. Motto tabete mo ii desu ka? (sore ijō ...) 2. Mō ippai o-sake o nonde mo ii desu ka? (sonna ni ...) 3. Mata kite mo ii desu ka? (mō ...) 4. Maiban terebi o mite mo ii desu ka? (amari ...) 5. Koko de yasunde mo ii desu ka? (soko de ...) 6. Dare ka ni sore o hanashite mo ii desu ka? (dare ni mo ...) 7. Kono o-kane de nani ka katte mo ii desu ka? (nani mo ...)

c. Antworten Sie kurz und stellen Sie eine Rückfrage! **◑◐** (1–5)

Asobi ni ikitai n desu ka?	— Ē. Itte mo ii desu ka?

1. Nyūsu ga kikitai n desu ka? 2. Mō sukoshi machitai n desu ka? 3. Bīru ga nomitai n desu ka? 4. Sono tegami ga yomitai n desu ka? 5. Mō kaeritai n desu ka? 6. Atarashii kuruma ga kaitai n desu ka? 7. Takushī ni noritai n desu ka? 8. Tabako ga suitai n desu ka? 9. Sore o ano hito ni hanashitai n desu ka? 10. Koko ni itai n desu ka?

Übung 2

a. Antworten Sie!

Ikanai n desu ka?	— Ē, ikanakute mo ii n desu.

1. Konai n desu ka? 2. Kawanai n desu ka? 3. Kakanai n desu ka? 4. Yomanai n desu ka? 5. Hanasanai n desu ka? 6. Shinai n desu ka? 7. Kikanai n desu ka?

b. Wiederholen Sie Übung a. und antworten Sie!

Ikanai n desu ka?	— Iie, ikanakute wa narimasen.

c. Antworten Sie! 🔊

Ikanakute wa narimasen ka?
— Iie, ikanakute mo kekkō desu.

1. Konakute wa narimasen ka? 2. Kawanakute wa narimasen ka? 3. Kakanakute wa narimasen ka? 4. Yomanakute wa narimasen ka? 5. Hanasanakute wa narimasen ka? 6. Shinakute wa narimasen ka? 7. Kikanakute wa narimasen ka?

d. Wiederholen Sie Übung c. und antworten Sie!

Ikanakute wa narimasen ka?	— Ē, ikanakereba ikemasen.

e. Antworten Sie!

Kore wa oboenakute mo ii desu ka?	— Iie, oboenakereba ikemasen.

1. Byōin ni ikanakute mo ii desu ka? 2. Kore wa tabenakute mo ii desu ka?
3. Sore wa ima shinakute mo ii desu ka? 4. Asu konakute mo ii desu ka? 5. Kippu wa kawanakute mo ii desu ka? 6. Norikaenakute mo ii desu ka? 7. Sugu nenakute mo ii desu ka? 8. Kono tegami wa kyō kakanakute mo ii desu ka?
9. Kusuri wa nomanakute mo ii desu ka? 10. Isoganakute mo ii desu ka?

f. Antworten Sie!

Asu kimashō ka?	— Iie, konakute mo kamaimasen.

1. Heya no sōji o shimashō ka? 2. Ishida-san ni tegami o kakimashō ka? 3. Kore o zenbu oboemashō ka? 4. Kaisha ni tsutomemashō ka? 5. Nihongo de hana-

shimashō ka? 6. Asu anata ni denwa shimashō ka? 7. Kippu o kaimashō ka?
8. Sukoshi yasumimashō ka? 9. Sensei ni kikimashō ka? 10. Eki de machimashō ka?

g. Stellen Sie eine Rückfrage!

10-pun ijō matanai de kudasai.	— Matanakute mo ii n desu ka?

1. Sono hon wa mada kawanai de kudasai. 2. Sonna ni isoganai de kudasai.
3. Amari hatarakanai de kudasai. 4. Kare ni o-kane wa agenai de kudasai. 5. Namae wa kakanai de kudasai. 6. Doyōbi wa konai de kudasai. 7. Sore ijō iwanai
de kudasai. 8. Sono shigoto wa shinai de kudasai. 9. Kaisha ni wa ikanai de kudasai.

h. Geben Sie eine Ermahnung! **◐◐** (1—5)

Kyō wa benkyō shitaku arimasen.	— Demo shinakereba ikemasen.

1. Kusuri wa nomitaku arimasen. 2. Gakkō ni wa ikitaku arimasen. 3. Mada ka-
eritaku arimasen. 4. Chichi ni wa sore o hanashitaku arimasen. 5. Shachō ni wa
aitaku arimasen. 6. Kono hon wa yomitaku arimasen. 7. Mada gohan wa tabetaku arimasen. 8. Koko ni wa itaku arimasen. 9. Mō hatarakitaku arimasen.
10. Mada netaku arimasen.

Übung 3

a. Fragen Sie mit ... *tsumori desu ka?*

Takushī ni norimasu.	— Takushī ni noru tsumori desu ka?

1. Machi o kenbutsu shimasu. 2. Mada hatarakimasu. 3. Mō kimasen. 4. Itsu
tegami o kakimasu ka? 5. Mata kanojo ni aimasu. 6. Ano hito ni nani o agemasu ka? 7. Chikatetsu de ikimasu. 8. Dare ni sore o kikimasu ka? 9. Mada nema-
sen. 10. Kare ni wa aimasen.

b. Antworten Sie!

Go-shujin wa watashi no denwabangō o shitte imasu ka?
— Ē, shitte iru hazu desu.

1. Toda-san wa o-sake o nomimasu ka? 2. Miyata-san wa mō kekkon shimashita
ka? 3. Miyata-san wa kekkon shite imasu ka? 4. Ano hito wa mada matte ima-

su ka? 5. Maeda-san wa doitsugo ga wakarimasu ka? 6. Kimura-san wa mō Ōsaka ni kaerimashita ka? 7. Satō-kyōju mo kimasu ka? 8. Sono hoteru wa shizuka desu ka? 9. Kare wa mō atarashii kuruma o kaimashita ka? 10. Buraun-san wa nihongo ga dekimasu ka?

c. Geben Sie einen Rat! 〇〇 (1—5)

Iku tsumori desu.	— Ikanai hō ga ii desu yo.

1. Kau tsumori desu. 2. Miru tsumori desu. 3. Yomu tsumori desu. 4. Au tsumori desu. 5. Kiku tsumori desu. 6. Hanasu tsumori desu. 7. Kuru tsumori desu. 8. Kekkon suru tsumori desu. 9. Iu tsumori desu.

d. Geben Sie einen Rat! 〇〇 (1—5)

Ikanai tsumori desu.	— Itta hō ga ii desu yo.

1. Kawanai tsumori desu. 2. Minai tsumori desu. 3. Yomanai tsumori desu. 4. Awanai tsumori desu. 5. Kikanai tsumori desu. 6. Hanasanai tsumori desu. 7. Konai tsumori desu. 8. Kekkon shinai tsumori desu. 9. Iwanai tsumori desu.

Übung 4

Übersetzen Sie ins Deutsche!

1. Anata no kuruma o tsukatte mo ii desu ka?
   Ē, goenryo naku. Demo gasorin* o irenakereba narimasen.
2. O-tenki ga ii kara, rēnkōto* wa motte ikanai tsumori desu.
   Iya, motte itta hō ga ii desu yo. Kyōto wa yoku ame ga furimasu kara ...
3. Kono densha wa Yotsuya-eki ni tomarimasu ka?
   Iie, Yoyogi de norikaenakereba narimasen. Basu no hō ga benri desu yo.
4. Ishii-san no okusan wa mada nyūin shite imasu ka?
   Iie, mō tai'in shita hazu desu.
5. Kono hon wa muzukashii kara, asu made ni wa zenbu yomemasen.
   Zenbu yomanakute mo kamaimasen.
6. Yoshida-san wa itsu made Amerika ni iru tsumori deshō ka?
   Sā, yoku shirimasen ga, mō soro soro kaette kuru hazu desu.
7. Tanaka-san wa mō ryokō kara kaette kimashita ka?
   Iie, kinō kaette kuru hazu deshita ga, mada kaette kimasen.
8. Shujutsu shita n desu ka?
   Ē, shitaku nakatta n desu ga, shinakereba narimasen deshita.

Taifū

Maitoshi natsu no owari goro taifū ga kite hageshii ame ga furi tsuyoi kaze ga fukimasu. Ōkina taifū no toki wa yoku densha ya basu ga tomarimasu. Kyō wa asa kara ame ga futte imasu. Kaisha no hiruyasumi ni mina taifū no hanashi o shite imasu.

Aoki: Iya na o-tenki desu ne.

Ogawa: Taifū ga kuru kamo shiremasen ne.

Aoki: Demo kochira ni wa konai deshō. Okada-san wa dō omoimasu ka?

Okada: Watashi mo konai to omoimasu.

Ōta: Iya, kuru sō desu. Wada-san ga sakki o-hiru no nyūsu de kiita to itte imashita.

Aoki: Ē? Hontō desu ka? Itsu goro kuru n deshō ka?

Ōta: Itsu kuru ka mada hakkiri wakaranai sō desu ga, tabun konya osoku da to itte imashita yo.

Ogawa: Sore wa taihen da. Densha ga tomaru kamo shiremasen ne.

Okada: Mada daijōbu deshō. Kono gurai no ame de wa shinpai nai to omoimasu.

Ōta: Demo Shinkan-sen wa mō tomatta sō desu yo.

Wada-san wa eki ni denwa shite densha ga
mada ugoite iru ka dō ka kikimashita.

Wada: Minasan! Chotto shizuka ni shite
kudasai!

Aoki: Wada-san! Mina ni yoku kikoeru
yō ni motto ōki na koe de hanashite kudasai.

Wada: O-tsutae shimasu. Ima no tokoro
densha wa ugoite iru sō desu ga,
itsu tomaru ka wakaranai sō desu.
Desukara kyō wa mina hayaku uchi
ni kaeru yō ni to itte imashita.

B

taifū: Taifun

maitoshi: jedes Jahr; *maitsuki:* jeden Monat; *maishū:* jede Woche; *mainichi:* jeden Tag

natsu no owari: Ende des Sommers; Spätsommer

hageshii ame ga furi tsuyoi kaze ga fuku: es regnet heftig und es weht ein starker
Wind (heftiger Gewittersturm)

ōkina taifū no toki: bei einem großen Taifun

densha ya basu ga tomaru: Bahnen und Busse stehen still.

hiruyasumi: Mittagspause

iya na o-tenki: ein schauderhaftes Wetter; das Adjektiv *iya na* ist zu unterscheiden von: *iya:* keineswegs (scharfe Ablehnung des vorher Gesagten)

iya, kuru sō desu: Doch! er soll kommen.

... kamo shiremasen: könnte sein

taifū ga kuru kamo shiremasen: es kann ein Taifun kommen

kochira: hierher

... deshō: wird wohl

... to (omoimasu): (ich glaube), daß ...

... sō desu: sollen (Hörensagen)

taifū ga kuru sō desu: Ein Taifun soll kommen.

... to (itte imashita): (er sagte), daß ...

hontō desu ka?: Ist es wahr?

itsu kuru ka mada hakkiri wakaranai: man weiß noch nicht genau, wann (der Taifun) kommt

tabun: wahrscheinlich; vielleicht

konya osoku/hayaku = konban osoku/hayaku: spät/früh heute abend

asa hayaku: am frühen Morgen; *asu no asa (hayaku):* morgen früh
sore wa taihen da!: Das ist schlimm/furchtbar! (Frauen gebrauchen *taihen da wa*)
mada daijōbu deshō: so schlimm wird es wohl nicht sein
kono gurai no ame de wa shinpai nai: bei so einem Regen braucht man sich keine
Sorgen zu machen.
Shinkan-sen: die neue Expreßlinie der Staatsbahn (z. Zt. zwischen Tokyo und
Nord-Kyushu)
... ka dō ka: ob
minasan!: Anrede, die sich an alle Anwesenden richtet. 'Meine Damen und Herren'
... yō ni: so daß; *mina ni yoku kikoeru yō ni:* ..., so daß wir es alle gut hören
können; *yō ni* als indirekte Bitte oder als Befehl: *hayaku uchi ni kaeru yō ni*
itte kudasai: Sagen Sie ihm, er soll schnell nach Hause gehen.
o-tsutae shimasu: Ich möchte Ihnen folgendes mitteilen. Einfache Form: *tsutaeru*
ima no tokoro: wie es augenblicklich steht
densha wa ugoite iru: die Bahn fährt noch
desukara: deshalb (abgekürzt: *dakara*)

1. Die indirekte Rede — "to" als Konjunktion "daß"   C

Taifū ga kimasu.	Der Taifun kommt.
Nyūsu de kikimashita.	Ich habe es in den Nachrichten gehört.
Iya na o-tenki desu.	Es ist ein schauderhaftes Wetter.

Ōta-san wa	taifū ga **kuru**	**to** iimashita.	Herr Ota sagte, daß ...
Kare wa sore o	nyūsu de **kiita**	**to** iimashita.	Er sagte, daß ...
Aoki-san wa	iya na o-tenki **da**	**to** iimashita.	Herr Aoki sagte, daß ...
Aoki-san wa	nan	**to** iimashita ka?	Was sagte Herr Aoki?

Das, was gesagt wird, steht immer in der einfachen Form des Verbs, und danach
folgt *to itte imasu (to iimasu)/to iimashita.*

... **to** kikimashita.	Ich habe gehört, daß ...
... **to** shinbun de yomimashita.	Ich habe in der Zeitung gelesen, daß ...
... **to** shinbun ni dete imashita.	In der Zeitung stand, daß ...
... **to** rajio de itte imashita.	Das Radio berichtete, daß ...

2. Wiedergabe der eigenen Gedanken: Vermutung

Taifū wa **kimasen.**	Der Taifun kommt nicht.
Daijōbu **desu.**	Es besteht keine Gefahr.
Shinpai **arimasen.**	Wir brauchen uns nicht zu sorgen.

Kochira ni	taifū wa **konai**	**to omoimasu.**
Mada	daijōbu **da**	**to omoimasu.**
Mō	shinpai **nai**	**to omoimasu.**
(Anata wa)	dō	omoimasu ka?
Mō	shinpai **nai**	**to omoimasu.**
Kochira ni	taifū wa **konai**	**deshō.**
Mada	daijōbu	**kamo shiremasen.**
	Dō	**deshō** ka?
	Shinpai **nai**	**deshō.**

Zur Wiedergabe der eigenen Gedanken folgt *... to omoimasu* (ich glaube, daß ...), *deshō* (wird wohl ...) oder *kamo shiremasen* (könnte sein ...) auf die einfache Form des Verbs. Beachten Sie: Bei der Frage *dō omoimasu ka?* fehlt die Kopula *to.*

3. Wiedergabe vom Hörensagen

Hakkiri **wakarimasen.**	Man weiß es nicht genau.
Densha wa futsū **desu.**	Die Bahn fährt nicht.
Kono hon wa omoshiroi **desu.**	Dieses Buch ist interessant.
Kono hoteru wa shizuka **desu.**	Dieses Hotel ist ruhig.

Mada	hakkiri **wakaranai**	**sō desu.**
Mō	densha wa futsū **da**	**sō desu.**
	Kono hon wa omoshiroi	**sō desu.**
	Kono hoteru wa shizuka **da sō desu.**	

Um etwas nur Gehörtes wiederzugeben, gebraucht man ... *sō desu* (sollen) nach der einfachen Form des Verbs. Beachten Sie: In allen diesen Sätzen steht nach wirklichen Adjektiven nie die Kopula *da* (einfache Form von *desu*). Sie steht nur bei Nomen und Quasi-Adjektiven.

4. Fragepartikel "ka" und "ka dō ka"

a. "ka" mit Fragewort

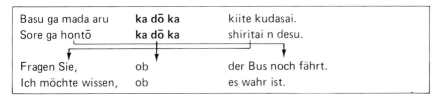

Taifū ga **itsu** kuru **ka**	wakarimasu ka?
Kare ga **doko** ni iru **ka**	oshiete kudasai.
Weiß man,	wann der Taifun kommt?
Sagen Sie mir bitte,	wo er ist!

Bei einem einleitenden Fragewort fügt man nach der Frage (einfaches Verb) *wakarimasu ka? shirimasen* usw. hinzu. Die Fragewörter *itsu, doko ni* usw. können am Anfang des Satzes stehen: *Itsu taifū ga kuru ka wakarimasen*.

b. "ka dō ka" ohne Fragewort

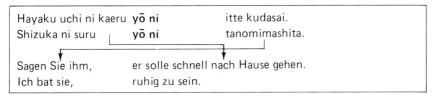

Basu ga mada aru	**ka dō ka**	kiite kudasai.
Sore ga hontō	**ka dō ka**	shiritai n desu.
Fragen Sie,	ob	der Bus noch fährt.
Ich möchte wissen,	ob	es wahr ist.

Hat die Frage kein einleitendes Fragewort, fügt man nach der Partikel *ka* die Formel *dō ka* und ein Verb (des Befehlens oder Wünschens) hinzu.

5. "yō ni"

Hayaku uchi ni kaeru **yō ni**		itte kudasai.
Shizuka ni suru	**yō ni**	tanomimashita.
Sagen Sie ihm,	er solle schnell nach Hause gehen.	
Ich bat sie,	ruhig zu sein.	

Die indirekte Bitte oder der indirekte Befehl wird durch *yō ni* und ein Verb des Bittens oder Sagens ausgedrückt.

| Mina ni yoku kikoeru | **yō ni** | ōkina koe de itte kudasai. |
| Wasurenai | **yō ni** | techō ni kakimasu. |

| Sprechen Sie mit lauter Stimme, | so daß alle Sie verstehen. |
| Ich schreibe es in ein Notizbuch, | so daß ich es nicht vergesse. |

Yō ni hat auch die Bedeutung von "so daß".

D Übung 1

a. Antworten Sie! ●○

> Kare wa tegami o sugu kaku to omoimasu ka?
> — Ē, kaku to omoimasu.

1. Kare wa mō konai to omoimasu ka? 2. Kare wa kekkon suru to omoimasu ka?
3. Kare wa ima uchi ni iru to omoimasu ka? 4. Kare wa nihongo ga dekiru to omoimasu ka? 5. Kore wa mō iranai to omoimasu ka? 6. Sore wa depāto de kaeru to omoimasu ka?

b. Antworten Sie auf die Frage: *Kare wa nan to itte imasu ka?*

> Sugu tegami o kakimasu.
> — Sugu tegami o kaku to itte imasu.

1. Mō kimasen. 2. Raigetsu kekkon shimasu. 3. Konban uchi ni imasu. 4. Eigo to nihongo ga dekimasu. 5. Kore wa mō irimasen. 6. Sore wa depāto de kaemasu.

c. Antworten Sie auf die Frage: *Kare wa nan to iimashita ka?* ●○

> Hokkaidō ni iku tsumori desu.
> — Hokkaidō ni iku tsumori da to iimashita.

1. Kono hon wa omoshiroi hazu desu. 2. Nagasaki wa kirei na tokoro desu.
3. Ano o-isha-san wa yūmei desu. 4. Kono hoteru wa shizuka desu. 5. Miruku wa kirai desu. 6. Asu shachō ni au tsumori desu.

d. Antworten Sie!

Kore wa ii kamera desu ka?	— Ē, ii kamera da sō desu.
Kono kamera wa ii desu ka?	— Ē, ii sō desu.

1. Kono hon wa omoshiroi desu ka? 2. Kore wa omoshiroi hon desu ka?
3. Kyōto wa furui machi desu ka? 4. Kare no uchi wa atarashii desu ka?
5. Katō-san no uchi wa ōkii desu ka? 6. Katō-san wa kirei na kata desu ka?
7. Ano mise no hito wa shinsetsu desu ka? 8. Kore wa yasui kamera desu ka?
9. Kono kamera wa yasui desu ka? 10. Kore wa daiji na tegami desu ka?

Übung 2

a. Antworten Sie! ○●

Kare wa biru ga nomenai n desu ka?	— Ē, nomenai sō desu.

1. Kare wa itarigo ga hanaseru n desu ka? 2. Kare wa nihongo no shinbun ga yomeru n desu ka? 3. Kare wa kinō uchi ni ita n desu ka? 4. Kare wa tomodachi
ni awanakatta n desu ka? 5. Kare wa sore o shiranakatta n desu ka? 6. Kare wa
okusan ni sore o hanashita n desu ka?

b. Antworten Sie!

Taifū ga kuru deshō ka?	— Iya, konai deshō.

1. Ame ga furu deshō ka? 2. Tanaka-san wa uchi ni iru deshō ka? 3. Kare wa
shinpai suru deshō ka? 4. Shachō wa hima ga aru deshō ka? 5. Sono shigoto wa
asu made ni dekiru deshō ka? 6. Gakusei wa sore o shitte iru deshō ka?

c. Geben Sie drei verschiedene Antworten mit *deshō!*

Go-shujin wa ano hanashi o oboete imasu ka?
(Mada oboete imasu. Zenzen oboete imasen. Mō wasuremashita.)
— Mada oboete iru deshō.
— Zenzen oboete inai deshō.
— Mō wasureta deshō.

1. O-kyaku-san wa mada imasu ka?
   (Mō sugu kaerimasu. Mada kaerimasen. Tabun mō kaerimashita.)
2. Kare wa kuruma o kaimashita ka?
   (Mada kaimasen. Kitto kaimashita. Raigetsu kaimasu.)

3. Kanojo wa asu kimasu ka?
   (Tabun asu wa kimasen. Kitto asu mo kimasu. Asu wa konakute mo ii desu.)

d. Sagen Sie Ihre Meinung! **Q O**

Mō ame wa furanai deshō.	— Mada furu kamo shiremasen yo.

1. Kimura-san wa mō konai deshō. 2. Ginkō wa mō aite inai deshō. 3. Shachō wa mō kaisha ni inai deshō. 4. Kono miruku wa mō nomenai deshō. 5. Kono shinbun wa mō yomanai deshō. 6. Kippu wa mō nai deshō. 7. Kono zasshi wa mō iranai deshō.

e. Wandeln Sie die direkte Bitte in eine indirekte Bitte um!

Tegami o kaite kudasai.	— Tegami o kaku yō ni itte kudasai.

1. 10-ji ni kite kudasai. 2. Konban denwa shite kudasai. 3. Watashi ga kaeru made matte kudasai. 4. Hayaku kuruma ni notte kudasai. 5. Pasupōto* o wasurenai de kudasai. 6. Amari muri o shinai de kudasai. 7. Sugu uchi ni kaette kudasai. 8. Hayaku nete kudasai.

Übung 3

a. Antworten Sie auf die Fragen! **Q O** (1—5)

Sono kata wa itsu kimasu ka? (shirimasen)
— Itsu kuru ka shirimasen.

1. Sono terebi wa ikura desu ka? (shirimasen)
2. O-tō-san wa itsu kaerimasu ka? (wakarimasen)
3. Ano hito ni doko de aimashita ka? (wasuremashita)
4. Ōta-san wa doko ni ikimashita ka? (zenzen shirimasen)
5. Ogawa-san no kaisha wa doko ni arimasu ka? (yoku shirimasen)
6. Ano hon wa dare ni agemasu ka? (mada wakarimasen)
7. O-kane o ikura motte imashita ka? (zenzen oboete imasen)
8. Suzuki-san wa ima nani o shite imasu ka? (kikimasen deshita)
9. Shumitto-san wa donna hito desu ka? (amari yoku shirimasen)
10. Gotō-san wa nanji ni kimashita ka? (hakkiri oboete imasen)

b. Verbinden Sie die beiden Sätze!

> Ashita kite mo ii desu ka? Sensei ni kiite kudasai.
> – Ashita kite mo ii ka dō ka sensei ni kiite kudasai.

1. Kōhi o nonde mo ii desu ka? Isha ni kikanakereba narimasen.
2. Kono basu wa Shibuya ni tomarimasu ka? Wakarimasen.
3. Kono kaisha ni gaijin ga hataraite imasu ka? Shiritai n desu.
4. Kore de ii desu ka? Ichido mite kudasai.
5. Kanojo to kekkon shimasu ka? Mada hakkiri wakarimasen.
6. Asu o-hima ga arimasu ka? Chotto o-tazune shitai n desu ga ...
7. O-kyaku-san wa mō kaerimashita ka? Chotto ōsetsuma o mite kudasai.
8. Yūbin ga kimashita ka? Posuto o mite kudasai.
9. Asu no kippu ga mada arimasu ka? Denwa de kiite kudasai.
10. Hitori de eiga ni itte mo ii desu ka? Otōsan ni kikanakute mo kamaimasen ka?

Übung 4

a. Übersetzen Sie ins Deutsche!

A: Maiyā-san ga itsu Nihon ni kuru ka shitte imasu ka?
B: Hachigatsu mikka ni Narita ni tsuku to tegami ni kaite arimasu yo.
A: Nanji ni tsuku ka wakarimasu ka?
B: Ē, mikka ni mō ichido Rufuto-hanza* ni denwa o shinakereba narimasen.
A: Hachigatsu mikka wa nanyōbi desu ka?
B: Doyōbi da to omoimasu.
A: Ja Maiyā-san o Narita ni mukae ni ikimashō.
B: Satō-san mo issho ni ikitai to itte imashita yo.
A: Dewa doyōbi no gogo uchi ni kuru yō ni Satō-san ni itte kudasai. Watashi no kuruma de ikimashō. – Satō-san no denwabangō o shitte imasu ka?
B: Techō ni kaite aru to omoimasu yo. Chotto matte kudasai.
   Ā, arimashita. San-hachi-go roku-ni-nana-zero* desu.

b. Übersetzen Sie ins Deutsche!

X: Kotoshi no natsu wa Karuizawa ni iku sō desu ne.
Y: Ē, totemo yasui uchi ga arimashita kara kaimashita.
X: Zutto mukō ni iru tsumori desu ka?
Y: Itai n desu ga, watashi wa shigoto ga arimasu kara, tokidoki Tōkyō ni kaette konakereba narimasen. Anata mo doko ka ni iku n deshō?

X: Ē, demo doko ni iku ka mada wakarimasen.

Y: Yokattara Karuizawa ni kimasen ka? Chiisai heya ga arimasu kara, tsukatte kudasai. Kanai mo kodomotachi mo kitto yorokobu to omoimasu.

X: Sore wa dōmo go-shinsetsu ni arigatō gozaimasu. Ja iku mae ni ichido denwa shimasu.

Y: Ē, sō shite kudasai.

Kaisha no hikedoki

Ima 5-ji 10-pun mae desu. Mō sugu kaisha no shigoto ga owarimasu.

Aoki: Sakki kita hito wa dare desu ka?

Oda: Kyō wa takusan hito ga kimashita ga ... Dono hito desu ka?

Aoki: Megane o kaketa on'na no hito desu.

Oda: Ā, ano akai sukāto* o haite ita kata desu ne.

Aoki: Ē, sō desu.

Oda: Ano kata wa shachō no ojōsan da sō desu.

Aoki: Sō desu ka. Kirei na kata desu ne.

Oda: Raigetsu doitsu ni ryūgaku suru n da sō desu.

Aoki: Dōri de ... Shachō o matte iru aida ni doitsugo no zasshi o yonde imashita.

Oda: Kanojo ga notte kita kuruma o mimashita ka?

Aoki: Kaisha no mae ni chūsha shite ita forukusuwāgen* desu ka?

Oda: Chigaimasu yo. Shachō ga sengetsu doitsu kara motte kita rippa na kuruma desu.

Aoki: Hō! Sore wa shirimasen deshita. Bentsu* desu ka?

Oda: Iie, bentsu ja arimasen. Supōtsukā* desu. Chotto sono tsukue no ue ni aru zasshi o totte kudasai. Sore ni onaji kuruma no shashin ga dete iru hazu desu.

Aoki: Kore desu ka?

Oda: Iie, sore ja arimasen. Ototoi tsuita
shupigeru* desu.

Aoki: Ja sakki shachō no ojōsan ga yonde
ita zasshi deshō. Are wa kanojo ga
motte kaerimashita.

Oda: Sō. Ja shikata ga arimasen ne.

Aoki: Oya, mō kaeru jikan desu ne. O-isogi
de nakereba kore kara issho ni shokuji o shimasen ka?

Oda: Sekkaku desu ga kyō wa tomodachi
ni au yakusoku ga arimasu kara o-
saki ni shitsurei shimasu.

Aoki: Sore wa zan'nen desu. Dewa mata
kondo ni shimashō.

B

Kaisha no hikedoki: Büroschluß

kaisha no shigoto ga owaru: der Dienst ist zu Ende; Feierabend

sakki kita hito: der Mann/die Frau, der/die vorher kam

hito (höflich: *kata*): der Mensch, die Person; *otoko no hito/kata:* männliche Person, der Mann; *onna no hito/kata:* weibliche Person, die Frau

megane: Brille; *megane o kaketa onna no hito:* die Dame mit (der) Brille

akai sukāto o haite ita kata: die Dame im roten Rock; *haku:* anziehen (Schuhe, Hose, Rock, Strümpfe); *haite iru:* anhaben

ryūgaku suru: studienhalber ins Ausland gehen

kanojo ga notte kita kuruma: der Wagen, mit dem sie (hierher) gefahren ist

chūsha suru: parken; *chūsha-jō:* Parkplatz

forukusu-wāgen: Volkswagen

chigaimasu: nein (bei Widerspruch)

sengetsu: der letzte Monat; *kongetsu:* dieser Monat; *raigetsu:* der nächste Monat

rippa na: herrlich; prächtig; ausgezeichnet

hō: Ausrufwort bei einer Bewunderung

bentsu: Mercedes-Benz

supōtsu-kā: Sportwagen

... totte kudasai: reichen Sie mir bitte ...

shashin ga dete iru: ein Foto ist in (der Zeitung, Zeitschrift oder im Buch)

ototoi tsuita shupigeru: der "Spiegel", der vorgestern eingetroffen ist

motte kuru: herbringen, mitbringen

motte kaeru: nach Hause mitnehmen

shikata ga arimasen: da kann man nichts machen

oya: ah!, ach!, oh!

oya mō kaeru jikan da: Mein Gott, es ist schon Zeit, nach Hause zu gehen!

o-isogi de nakereba: Wenn es nicht eilt ...

sekkaku (no go-kōi) desu ga: Es ist wirklich sehr nett von Ihnen, aber ...

tomodachi ni au yakusoku: eine Verabredung mit meinem Freund

o-saki ni shitsurei shimasu: (abgekürzt: *o-saki ni*) eine Ausdrucksformel, die man immer gebraucht, wenn man eher als die anderen etwas tut; hier: beim Abschied bedeutet es sinngemäß: Erlauben Sie, daß ich vor Ihnen nach Hause gehe ...;

dōzo o-saki ni: Bitte gehen Sie vor.

Attributivsätze

C

a.

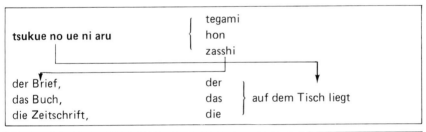

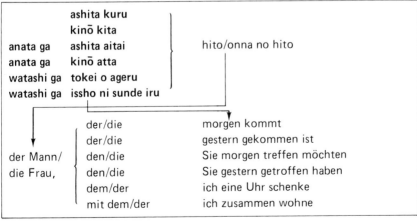

Im Japanischen gibt es kein Relativpronomen. Was im Japanischen dem Relativsatz entspricht, steht in der einfachen Verbform unmittelbar vor dem Nomen, das erklärt wird.

b.

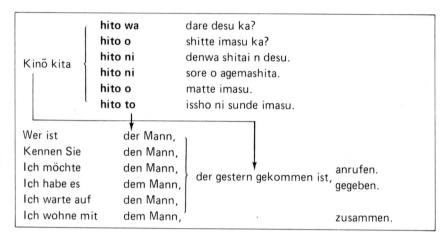

c.

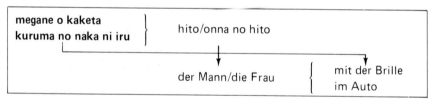

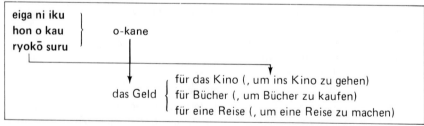

Den deutschen Präpositionalphrasen entsprechende Bestimmungen werden dem Verb des Attributivsatzes vorangestellt.

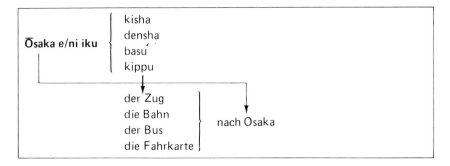

Hier wird häufig auch die einfache Genitivform des substantivierten Verbs (*yuku/ iku* – *yuki/iki*) angewandt, z. B. *Ōsaka-yuki/Ōsaka-iki no kisha, Tōkyō-yuki/Tō- kyō-iki no kippu* usw.

d.

(uchi ni) **kaeru** jikan			die Zeit, nach Hause zu gehen	
tegami o kaku hima			die Zeit, einen Brief zu schreiben	
nani ka yomu				zu lesen
nani ka taberu	**mono**	etwas		zu essen
nani ka kau				zu kaufen
nani ka iu				zu sagen
nani ka suru	**koto**	etwas		zu tun
nani ka kiku				zu fragen

Während *mono* in bezug auf konkrete Sachen und Dinge gebraucht wird, bezieht sich *koto* auf Abstrakta.

Übung 1

D

a. Variieren Sie die Aufgaben nach dem Muster!

kau – hon			
	hajimete	kau	hon
	kinō	katta	hon
	zehi	kaitai	hon
	watashi ga	kaitakatta	hon

mada	kawanai	hon
dare mo	kawanakatta	hon
amari	kaitaku nai	hon
zenzen	kaitaku nakatta	hon

1. yomu − zasshi 2. miru − eiga 3. au − hito 4. kiku − hanashi

b. Bilden Sie Sätze und erweitern Sie sie! ○●

kau − kamera
− Sore wa kare ga katta kamera desu.
− Sore wa kare ga Amerika de katta kamera desu.
− Sore wa kare ga gonen mae ni Amerika de katta kamera desu.

1. miru − opera 2. toru − shashin 3. sunde iru − uchi 4. notte iru − kuruma

c. Bilden Sie Sätze und variieren Sie sie! ○●

kiku − koto
− Nani ka kiku koto ga arimasu ka?
− Nani ka kikitai koto ga arimasu ka?
− Nani ka kikanakereba naranai koto ga arimasu ka?

1. suru − koto 2. yomu − mono 3. kaku − koto 4. kau mono 5. hanasu
− koto 6. iu − koto 7. motte iku − mono

d. Bilden Sie Sätze und erweitern Sie sie! ○●

ageru − mono
− Anata ga agetai mono wa nan desu ka?
− Anata ga Shimizu-san ni agetai mono wa nan desu ka?
− Anata ga asu Shimizu-san ni agetai mono wa nan desu ka?

1. kiku − koto 2. shiraseru − koto 3. motte iku − mono 4. iu − koto 5. miseru − mono 6. hanasu − koto 7. watasu − mono 8. tanomu − koto

Übung 2

a. Antworten Sie nach dem Muster! ○●

Kono kisha wa Tōkyō e ikimasu ka? − Ē, kore wa Tōkyō-yuki no kisha desu.

1. Kono densha wa Yokohama e ikimasu ka? 2. Kono hikōki wa Sapporo e ikimasu ka? 3. Kono fune wa Amerika e ikimasu ka? 4. Kono basu wa Yotsuya e ikimasu ka? 5. Kono chikatetsu wa Asakusa e ikimasu ka?

b. Fragen Sie zurück! 〇〇

> Uchi ni kaerimashō.
> — Mō uchi ni kaeru jikan desu ka?

1. Shigoto o shimashō. 2. Gohan o tabemashō. 3. Kaisha ni ikimashō. 4. Kisha ni norimashō. 5. Tomodachi ni aimashō. 6. Nemashō. 7. Okimashō.

c. Variieren Sie die Aufgaben nach dem Muster!

> heya ni hito ga iru   — heya ni iru hito

1. eki no mae ni hoteru ga aru 2. ima rekōdo o kiite iru 3. koko ni shinbun ga atta 4. sakki kēki o tabeta 5. kesa miruku o nonda

d. Übersetzen Sie ins Deutsche!

1. anata ni kinō ageta man'nenhitsu 2. nihongo o jōzu ni hanasu gaijin 3. kono aida anata to issho ni mita eiga 4. kyō made ni shinakereba naranakatta shigoto 5. ima tsuita hikōki 6. ototoi nyūin shita tomodachi 7. kippu o motte inai kata 8. amari aitaku nai hito 9. wariai ni suite ita densha 10. tegami o kaku hima

Übung 3

a. Bilden Sie Sätze nach den Beispielen!

> soko ni hito ga iru
> — soko ni iru hito
> Sono hito wa dare desu ka?
> — Soko ni iru hito wa dare desu ka?
> Sono hito o shitte imasu ka?
> — Soko ni iru hito o shitte imasu ka?
> Sono hito ni kikimashō.
> — Soko ni iru hito ni kikimashō.
> Sono hito to hanashitai n desu.
> — Soko ni iru hito to hanashitai n desu.

Sono hito mo nihongo ga wakaru hazu desu.
— Soko ni iru hito mo nihongo ga wakaru hazu desu
Sono hito ga Yamada-san desu.
— Soko ni iru hito ga Yamada-san desu.

1. sakki hito ga kita   2. heya ni on'na no hito ga iru   3. otoko no hito ga shinbun o yonde iru

b. Ergänzen Sie die Sätze!

Watashi wa Yamada-san ni aitai n desu.

_____ kata wa _____ desu.

— Watashi ga aitai kata wa Yamada-san desu.

1. Watashi wa Myurā-san o shitte imasu.

_____ kata wa _____ desu.

2. Watashi wa bīru ga nomitai n desu.

_____ mono wa _____ desu.

3. Anata wa ima kore o shinakereba ikemasen.

_____ koto wa _____ desu.

4. Kare wa itsumo soko de kaimasu.

_____ . mise wa _____ desu.

5. Kanojo wa kyonen koko ni sunde imashita.

_____ tokoro wa _____ desu.

c. Verbinden Sie die beiden Sätze!

Ishii-san wa kuruma o kaimashita. Sono kuruma wa bentsu desu.
— Ishii-san ga katta kuruma wa bentsu desu.

1. Watashi wa apāto ni sunde imasu. Sono apāto kara Fujisan ga miemasu.
2. Kyō doitsu kara tegami ga kimashita. Sono tegami o yomimashita ka?
3. Soko ni jūsu ga arimasu. Sono jūsu o nonde mo ii desu ka?
4. Tanjōbi ni anata kara man'nenhitsu o moraimashita. Sono man'nenhitsu de kakimashō.
5. 3-ji han ni Suzuki-san ni aimasu. Sono yakusoku o wasurenai de kudasai.
6. Buraun-san wa Kamakura de o-tera o mimashita. Sono o-tera wa yūmei na Kenchō-ji desu.
7. Anata wa yoku kissaten ni ikimasu. Sono kissaten no kōhī wa oishii desu ka?

8. Watashi wa basu ni norimashita. Sono basu wa Yoyogi ni tomarimasen deshita.
9. Chichi wa kaisha ni tsutomete imasu. Sono kaisha wa Marunouchi ni arimasu.
10. Ima kare no namae o kikimashita. Sono namae o mō wasuremashita.

Übung 4

a. Übersetzen Sie ins Japanische!

1. Ist das das Buch,
    das Sie lesen möchten?
    das Sie lesen müssen?
    das Sie lesen wollten?

2. Zeigen Sie mir die Uhr,
    die Sie von Ihrem Mann bekommen haben!
    die da hinten steht!
    die Sie vor drei Jahren in der Schweiz gekauft haben!

3. Darf ich den Brief lesen,
    den Sie geschrieben haben?
    der heute angekommen ist?
    der auf dem Tisch liegt?

4. Der Film,
    den ich gesehen habe, war sehr gut.
    den ich gestern gesehen habe, war gar nicht interessant.
    den ich sehen möchte, ist ein japanischer Film.

b. Übersetzen Sie ins Deutsche!

1. Kinō Yokohama kara Tōkyō made notta takushī no naka ni kamera o wasuremashita.
2. Man'nenhitsu o wasuremashita kara, nani ka kaku mono o kashite kudasai.
3. Kono aida katta kōhī ga mada aru ka dō ka chotto mite kudasai.
4. Tōkyō de watashi to issho ni daigaku de benkyō shita tomodachi ga ashita kimasu kara, anata mo asobi ni kimasen ka?
5. Shigoto ga sunda hito wa mō uchi ni kaette mo kamaimasen yo.
6. Hokkaidō ni sunde iru haha kara kita tegami ni anata ni yoroshiku to kaite
   arimashita.

15 Bōnasu o morattara

A

Kudō: Okudō-san wa Hawai* ni itta koto ga arimasu ka?

Okudō: Iie, gaikoku ni wa mada ichido mo itta koto ga arimasen.

Kudō: Watashi mo eiga de mita koto ga aru dake desu ga Hawai wa totemo ii tokoro da sō desu ne. Kondo bōnasu* o morattara iku tsumori desu.

Okudō: Sore wa subarashii desu ne. Demo eigo ga wakaranakattara komaru deshō.

Kudō: Son'na koto wa nai sō desu yo. Hawai ni wa nihongo o hanasu hito ga takusan iru sō desu.

Okudō: Sō desu ka. Tokoro de nan de iku tsumori desu ka?

Kudō: Mochiron hikōki desu. Mada notta koto ga arimasen kara. 1-do notte mitai n desu.

Okudō: Watashi dattara hikōki de wa naku fune de yukkuri ikimasu.

Kudō: Soryā fune no tabi no hō ga tanoshii deshō ga, o-kane ga atte mo hima ga nakattara, sore wa chotto muri deshō.

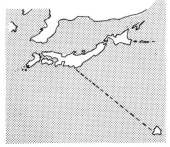

Okudō: Sore mo sō desu ne ...

Kudō: Dō desu. — Yokattara issho ni ikimasen ka?

Okudō: Hima ga attara ikitai n desu ga ...
Hawai made wa chotto ...
Daiichi takai deshō?

Kudō: Ryohi dake nara taishita koto wa arimasen yo. Sore ni mukō ni tsuitara oji no uchi ni tomaru koto ni natte imasu.

Odudō: Demo watashi mo issho ni iku koto o kiitara anata no oji-san wa bikkuri suru deshō.

Kudō: Sore wa daijōbu desu. Oji wa totemo kanemochi desu kara, komaru koto wa arimasen. Sore ni oji wa o-kyaku ga kuru no o totemo yorokobu n desu. O-shōgatsu ni Hawai de oyogu no mo waruku arimasen yo ...

bōnasu: Prämie (engl. bonus; mehrere Sondergehälter im Juni und Dezember)

bōnasu o morattara: wenn ich die Prämie bekomme

Hawai ni itta koto ga arimasu ka?: Waren Sie schon mal in Hawaii?

gaikoku: Ausland

mada ichido mo ... arimasen: noch nie ...

eiga de mita koto ga aru: Ich habe es schon mal im Film gesehen.

dake: nur, bloß

subarashii: fantastisch, einmalig, wunderbar

eigo ga wakaranakattara: wenn man Englisch nicht versteht

son'na koto wa nai sō desu: bedeutet hier sinngemäß: das kann nicht so schlimm sein.

tokoro de: übrigens, nun

mochiron: natürlich, selbstverständlich

hikōki ni notte mitai: Ich möchte einmal fliegen.

... te miru: einmal versuchen, etwas zu tun

watashi dattara: wenn ich an Ihrer Stelle wäre; ich würde ...

hikōki de wa naku fune de: nicht mit dem Flugzeug, sondern mit einem Schiff

soryā: umgangssprachlich von *sore wa*

o-kane ga atte mo, hima ga nakereba: wenn man keine Zeit hat, selbst wenn man genug Geld hat, dann ...

chotto muri desu: hier: Da verlangen Sie ein wenig zu viel.

sore mo sō desu ne: Sie haben Recht.

dō desu: wie wäre es ...

yokattara: wenn es Ihnen recht ist, ...

hima ga attara: wenn ich Zeit habe/hätte

daiichi: wörtl. der erste; hier: vor allem, vor allen Dingen

ryohi dake nara: hier: die Reisekosten allein

taishita koto wa arimasen: das macht nicht viel aus

sore ni: außerdem

oji no uchi ni tomaru koto ni natte imasu: Ich soll bei meinem Onkel bleiben.

... koto ni natte iru: bedeutet 'sollen' als starke Vermutung und Erwartung im Sinne von *hazu* in bezug auf die erste Person.

oji: Onkel (höflich: *ojisan*)

kiitara: wenn man hört

bikkuri suru: überrascht werden

kanemochi desu: reich sein

kyaku ga kuru no o yorokobu: gastfreundlich sein; *yorokobu:* sich freuen

o-shōgatsu: Neujahr

oyogu: schwimmen

C 1. Nominalsätze mit "no" und "koto"

Hawai ni iku **no** wa itsu desu ka?	Wann fahren Sie nach Hawai?
Hawai ni iku **no** wa dare desu ka?	Wer ist es, der nach Hawaii fährt?
Motto yasui **no** wa arimasen ka?	Gibt es nicht noch etwas billigeres?

no ist hier ein Ersatz für ein Nomen. Der Sprechzusammenhang klärt, auf welches Nomen es sich bezieht: *Hawai ni iku no* bedeutet bei dem ersten Beispiel: *Hawai ni iku hi* (der Tag, an dem man nach Hawai fährt) und bei dem zweiten: *Hawai ni iku hito* (die Person, die nach Hawai fährt).

Anata ga kuru **no** o matte imasu.	Ich warte auf Ihr Kommen.
Kare ga hanasu **no** o kikimashō.	Laßt uns ihn sprechen hören!
Shingō ga akai **no** o mimasen deshita.	Ich habe nicht gesehen, daß die Ampel rot war.

Anata ga kuru **no/koto** o	shirimasen deshita.
Kare ni denwa suru **no/koto** o	wasuremashita.
Oyogu **no/koto** wa	karada ni ii desu.
↑	↑
Daß Sie kommen,	wußte ich nicht.
Ihn anzurufen,	habe ich vergessen.
Schwimmen	ist gesund.

Wenn es sich bei dem Hauptverb um konkrete bzw. physische Erlebnisse handelt, z. B. warten, hören, sehen usw., besteht nur die Möglichkeit, *no* anzuwenden. Wenn es sich aber um eine intellektuelle Wahrnehmung oder um intellektuelle Erfahrungen, z. B. Vergessenheit oder Erinnerung usw. handelt, kann man anstelle von *no* auch *koto* anwenden. Diese Regel gilt auch bei einer allgemeinen Äußerung.

Hawai ni itta **koto ga arimasu** ka?
Anata o wasureru **koto ga dekimasen.**
Kare ni mō awanai **koto ni shimashita.**
Oji no tokoro ni tomaru **koto ni natte imasu.**
Waren Sie schon in Hawaii?
Ich kann Sie nicht vergessen.
Ich habe mich entschlossen, ihn nicht mehr zu treffen.
Ich soll bei meinem Onkel übernachten.

Es kann nur *koto* gebraucht werden, wenn *aru, dekiru* und *ni suru* folgen. ... *ta koto ga aru* heißt, daß man diese Erfahrung in der Vergangenheit gemacht hat. Unterscheiden Sie: *Kyōto ni ikimashita* — Ich bin nach Kyoto gefahren. *Kyōto ni itta koto ga arimasu* — Ich war einmal in Kyoto. ... *koto ga dekiru* bezeichnet die Fähigkeit bzw. Möglichkeit; man kann die angegebene Handlung tun, die unmittelbar vor *koto* steht. ... *koto ni suru* zeigt eine Auswahl oder Entscheidung an. ... *koto ni natte iru* bedeutet 'sollen' als starke Vermutung und Erwartung im Sinne von *hazu* (siehe S. 124). Im Japanischen wird *hazu* meistens auf die dritte Person, und sehr selten auf die erste Person angewandt. Als Vermutung in bezug auf die erste Person wird dann *koto ni natte iru* gebraucht.

2. Die Funktion der "-tara"-Form

Bōnasu o morat**tara**	Hawai ni ikimasu.
Kotoba ga wakaranakat**tara**	komaru deshō.
Yokat**tara**	issho ni ikimasen ka?
Wenn ich die Prämie bekomme,	fahre ich nach Hawaii.
Wenn man die Sprache nicht versteht, wird es schwer sein.	
Wollen Sie nicht mitgehen,	wenn es Ihnen paßt?

Die -tara-Form bildet man aus der einfachen Verbform oder dem Adjektiv in der Vergangenheit + Endung ra. Beispiel:

tabeta + ra = tabetara   tabenakatta + ra = tabenakattara

yokatta + ra = yokattara   yokunakatta + ra = yokunakattara

Mukō ni tsui**tara** ame ga futte imashita.
Mukō ni tsui**tara** oji no tokoro ni tomarimasu.
Tōkyō ni it**tara** itsumo Hiruton-hoteru* ni tomarimasu.
O-kane ga at**tara** ichido Hiruton-hoteru ni tomatte mitai n desu ga ...
Als ich dort ankam, regnete es.
Wenn ich dort ankomme, übernachte ich bei meinem Onkel.
Wenn ich nach Tokyo fahre, übernachte ich immer im Hilton-Hotel.
Wenn ich Geld hätte, würde ich einmal im Hilton-Hotel übernachten.

Wenn ein Ereignis einem anderen folgt, werden beide durch -tara verbunden. Die Ereignisse können entweder in der Zukunft oder in der Vergangenheit liegen, und manchmal sind sie sogar nur hypothetisch.

-tara bezeichnet nicht den genauen Zeitpunkt, sondern nur die Reihenfolge der Ereignisse. Wenn man den genauen Zeitpunkt angeben will, gebraucht man toki; so ist es im ersten Beispiel: Mukō ni tsuita toki ame ga futte imashita.

Moshi ame ga fut**tara** ikimasen.
Moshi oji-san ga sore o kii**tara** bikkuri suru deshō.
Moshi sensō ga nakat**tara** hontō ni ii desu ne.
Moshi takarakuji ga atat**tara** dō shimasu ka?
Wenn es regnet, gehe ich nicht hin.
Wenn Ihr Onkel das hört, wird er überrascht sein.
Wenn es keinen Krieg gäbe, wäre es wirklich schön.
Was würden Sie tun, wenn Sie im Lotto gewinnen würden?

In der Praxis erkennt man meistens, ob die Handlungsweise real oder irreal ist. Wenn man aber die Bedeutung der Bedingung oder Hypothese nachdrücklich betonen will, fügt man *moshi* am Anfang des Satzes hinzu.

(Moshi) watashi **nara/dattara** sō shimasen.
(Moshi) genki **nara/dattara** hataraku n desu ga ...
(Moshi) ryohi dake **nara/dattara** taishita koto wa arimasen.

Ich würde es nicht so machen.
Wenn ich gesund wäre, würde ich arbeiten ...
Die Reisekosten allein sind nicht so teuer (schlimm).

Die *-tara*-Form von *da (desu)* heißt entweder *dattara* oder nur *nara*. Man kann in allen Fällen eine von den beiden gebrauchen. *nara* hat keine zeitliche Präzision; d.h. man kann *nara* anwenden, wenn ein Ereignis einem anderen folgt oder wenn es keine Aufeinanderfolge gibt. *nara* kann nicht nur hinter dem Nomen, sondern auch unmittelbar hinter einem Verb bzw. Adjektiv in der einfachen Form stehen. Beispiel: *iku nara, itta nara, yasui nara, yasukatta nara* usw.

Übung 1

D

a. Bilden Sie Sätze!

Nani o matte iru n desu ka? (basu — kuru)
— Basu ga kuru no o matte imasu.

---

shokuji — sumu, kisha — tsuku, o-kyaku-san — kaeru, ame — yamu, bangohan — dekiru, shigoto — owaru

b. Antworten Sie!

Heya no naka ni iru hito wa o-tōsan desu ka?
— Iie, heya no naka ni iru no wa chichi ja arimasen.

---

1. Kamakura ni iku hi wa ashita desu ka? 2. Anata ga ano hito ni atta tokoro wa Kyōto desu ka? 3. Anata ga ima nonde iru mono wa bīru desu ka? 4. Kare ni sono hanashi o shita hito wa anata desu ka? 5. Soko ni aru shinbun wa kyō no shinbun desu ka?

c. Wandeln Sie die Sätze um!

> Kyō wa shigoto o shimasen.
> – Kyō wa shigoto o shinai koto ni shimashō.
> – Kyō wa shigoto o shinai koto ni shimasu.
> – Kyō wa shigoto o shinai koto ni shimashita.

1. Mō tabako wa suimasen. 2. Nihon no kaisha de hatarakimasu. 3. Gaikoku no kuruma wa kaimasen. 4. Mainichi nihongo o hanashimasu. 5. Kotoshi no natsu wa Karuizawa ni ikimasu.

d. Antworten Sie! ◐◑

> Kyō tai'in suru n desu ka?
> – Ē, kyō tai'in suru koto ni natte imasu.

1. Tanjōbi ni o-tōsan kara kuruma o morau n desu ka? 2. Gogatsu ni okusan to issho ni Suisu ni iku n desu ka? 3. Sore wa dare ni mo hanashite wa ikenai n desu ka? 4. Ojōsan wa kotoshi Furansu kara kaette kuru n desu ka? 5. Konban tomodachi o tazuneru n desu ka?

Übung 2

a. Antworten Sie!

> Mainichi kusuri o nomu koto o wasurenai de kudasai.
> – Mainichi kusuri o nomu no wa iya desu.

1. Kimura-san ni o-kane o kaesu koto o wasurenai de kudasai. 2. Katō-san ni mo denwa suru koto o wasurenai de kudasai. 3. Sore o go-shujin ni hanasu koto o wasurenai de kudasai. 4. Kono tegami ni henji o kaku koto o wasurenai de kudasai. 5. Asu shigoto ni iku koto o wasurenai de kudasai.

b. Äußern Sie Ihre Meinung! ◐◑

> Kono kamera wa chotto takai desu.
> – Takai no wa komarimasu. Yasui no ga arimasen ka?

1. Kono hon wa chotto muzukashii desu. 2. Kono tamago wa chotto furui desu. 3. Kono waishatsu wa chotto ōkii desu. 4. Sono hoteru wa eki kara chotto tōi desu. 5. Kono taoru wa chotto kitanai desu.

c. Dialogübung:

A: Atami ni itta koto ga arimasu ka?
B: Iie, mada itta koto ga arimasen.
A: Ja Hakone ni wa?
B: Hakone ni wa tama ni iku koto ga arimasu.

1. Kabuki o mita koto ga arimasu ka? – Ja opera wa? 2. O-sushi o tabeta koto ga arimasu ka? – Ja sukiyaki wa? 3. Nihongo no shinbun o yonda koto ga arimasu ka? – Ja eigo no shinbun wa? 4. Kono mise de katta koto ga arimasu ka? – Ja ano mise de wa?

d. Übersetzen Sie ins Deutsche!

1. Doko de yasukute ii kamera o kau koto ga dekimasu ka? 2. Nihongo o kaku koto wa mada dekimasen ga, hanasu koto wa dekimasu. 3. Kinō Yamada-san ni au koto ga dekimasen deshita. 4. Chikai desu kara, aruite iku koto mo dekimasu yo. 5. Mō sukoshi hayaku kuru koto ga dekimasen ka?

Übung 3

a. Bilden Sie Sätze!

gohan o tabeta
– Gohan o tabetara kite kudasai.

1. nyūsu o mita   2. shinbun o yonda   3. tegami o kaita   4. kusuri o nonda
5. kuraku natta

b. Antworten Sie nach dem Muster! ◐ ◑

Asu Tōkyō ni tsuku n desu ka?
– Ē, tsuitara sugu denwa shimasu.

1. 5-ji ni shigoto ga owaru n desu ka?   2. Konban Oda-san ga kuru n desu ka?
3. Kyō kippu ga kaeru n desu ka?   4. Kayōbi ni tai'in suru n desu ka?
5. Raishū hima ni naru n desu ka?

c. Wandeln Sie die Sätze um! ⚌⚌

Nihongo wa wakarimasen.
— Nihongo ga wakaranakattara komaru deshō.

1. O-kane ga arimasen. 2. Tegami no henji ga kimasen. 3. Ame ga zenzen furi-masen. 4. Me ga miemasen. 5. Kono shigoto ga dekimasen.

d. Geben Sie Ihre Stellungnahme ab! ⚌⚌ (1—5)

Yasukatta kara kaimashita.   — Yasukattara watashi mo kaimasu.

1. Oishikatta kara tabemashita. 2. Tōkatta kara takushi ni norimashita. 3. Mu-zukashikatta kara yomemasen deshita. 4. (Ano hoteru wa) shizuka datta kara tomarimashita. 5. (Ano hoteru wa) kirei ja nakatta kara tomarimasen deshita. 6. Omoshiroku nakatta kara (zenbu) yomimasen deshita. 7. Atarashiku nakatta kara kaimasen deshita.

Übung 4

a. Bilden Sie Sätze!

Sukoshi yasumu. — Mata sugu genki ni narimasu yo.
— Sukoshi yasundara mata sugu genki ni narimasu yo.

1. Byōki ni naru. — Isha ni ikanakereba narimasen.
2. Bīru o takusan nomu. — Futorimasu yo.
3. Hon o kariru. — Kaesanakereba ikemasen.
4. Tegami o kaku. — Sugu henji ga kuru deshō ka?
5. Ikitaku nai. — Ikanakute mo ii desu yo.
6. Ōkiku naru. — Nani ni naru tsumori desu ka?
7. Tsukareru. — Dōzo yasunde kudasai.
8. Sonna koto o suru. — O-kāsan ga shinpai shimasu yo.

b. Verbinden Sie die beiden Sätze!

Taifū ga kuru kamo shiremasen. — Dō shimasu ka?
— Moshi taifū ga kitara dō shimasu ka?

1. Shujin ga kaette konai kamo shiremasen. — Watashi wa dō shitara ii ka wakari-masen.

2. Takarakuji ga ataru kamo shiremasen. — Futari de sekai-ryokō o shimashō.
3. Kekkon suru kamo shiremasen. — Kaisha o yameru tsumori desu.
4. Ano hito ga sono hanashi o kiku kamo shiremasen. — Nan to iu deshō ka?
5. Sensō ga nakunaru kamo shiremasen. — Hontō ni ii desu ne.

c. Ergänzen Sie die Sätze!

1. Byōki _____ (desu) hayaku isha ni itta hō ga ii.
2. Asu ame _____ (desu) nani o nasaimasu ka?
3. Moshi go-meiwaku _____ (desu) sugu kaerimasu.
4. Ima o-jama _____ (desu) ato de kimasu.
5. Asu o-hima _____ (desu) asobi ni kite kudasai.

d. Übersetzen Sie ins Deutsche!

1. Moshi dekitara raishū made 1-man en kashite kudasai.
   O-kane ga attara mochiron sugu kashite agetai n desu ga ...
2. Mō ippai okawari o kudasai!
   Byōki ni nattara komarimasu kara son'na ni o-sake o nomanai de kudasai.
3. Watashi wa ano kuruma ni suru tsumori desu ga, anata nara dore ni shimasu ka?
   Watashi dattara motto yasui no ni shimasu.
4. Totemo ii sensei ga iru n desu. Issho ni nihongo o naraimasen ka?
   Watashi ga mō sukoshi wakakattara mochiron sugu hajimeru n desu ga ...
5. Chotto yūbinkyoku made ikanakereba narimasen ga sugu kaette kimasu kara Kimura-san ga kitara watashi ga kaeru made matsu yō ni itte kudasai.
6. Kuruma ga atte mo unten ga dekinakattara yaku ni tachimasen ne.
7. Ii kusuri o nonde mo isha no iu koto o kikanakattara byōki wa yoku narimasen yo.
8. Takakute mo ii mono dattara kau koto ni shimasu.
9. Atama ga yokute mo karada ga yowakattara komarimasu.
10. O-tenki ga yokute mo isogu shigoto ga attara doraibu wa muri desu.

16 Shinsetsu na dōryō

A Ikeda-san to Sano-san wa gogakuryoku o kawarete kaisha de yoku honyaku o tanomaremasu.

Kyō Ikeda-san wa nandaka genki ga arimasen. Dōryō no Suzuki-san ga shinpai shite kikimashita.

Suzuki: Dō shita n desu ka? Genki ga arimasen ne.

Ikeda: Ima kachō ni yobarete saisoku sareta n desu.

Suzuki: Nani o desu ka?

Ikeda: Kinō made ni kono genkō o eigo ni honyaku suru yō ni iwareta n desu ga mada zenbu dekite inai n desu.

Suzuki: Itsu tanomareta n desu ka?

Ikeda: Mikka mae desu.

Suzuki: Zuibun takusan arimasu ne. Sore o mikka de suru yō ni iwareta n desu ka? Muri na koto o hikiuke saseraremashita ne.

Ikeda: Shikata ga arimasen. Hajime wa Sano-san ni hanbun tetsudatte morau tsumori datta n desu. Demo kotowararemashita.

Suzuki: Ā, sō ieba Sano-san wa ima Ōsaka nan desu ne.

Ikeda: Sō nan desu. Chōdo ototoi kara kaisai sarete iru tenji-kai ni shōtai sareta n desu yo. – De, kinō wa tetsuya de shigoto o shita n desu ga yonaka ni akanbō ni nakarete omotta hodo hakadorimasen deshita.

Suzuki: Ato donogurai nokotte iru n desu ka?

Ikeda: Honyaku ga mada 10-mai aru n desu.

Suzuki: Dekita mono wa mō taipu* shite aru n desu ka?

Ikeda: Iie, mada desu.

Suzuki: Ja taipu shite agemashō.

Ikeda: Zehi onegai shimasu. Sō shite moraereba hontō ni tasukarimasu.

shinsetsu na dōryō: eine hilfsbereite Kollegin/Kollege

B

gogakuryoku: Sprachfertigkeit

kawareru (Passivform von *kau*): Vertrauen erwerben, geschätzt werden

honyaku: Übersetzung; *eigo ni honyaku suru:* ins Englische übersetzen

tanomareru (Passivform von *tanomu*): beauftragt werden

nandaka: etwas

genki ga nai: sich nicht wohl fühlen, nicht fröhlich sein

shinpai shite kiku: bekümmert fragen

dō shita n desu ka?: Was ist denn los (mit Ihnen)?

kachō: Abteilungsleiter

yobareru (Passivform von *yobu*): herbeigerufen werden; *-te*-Form (*yobarete*) bezeichnet hier "und"

saisoku sareru (Passivform von *saisoku suru*): gedrängt werden zu etwas; *Kachō ni yobarete saisoku sareta:* Ich wurde von dem Abteilungsleiter herbeigerufen und gedrängt, ...

nani o desu ka: bedeutet hier sinngemäß: "Worum handelt es sich?"

genkō: Manuskript

... yō ni iwareru: mir wurde gesagt

dekite iru: fertig sein, *honyaku ga dekite iru:* die Übersetzung ist fertig; *dekita mono:* die angefertigte

zuibun takusan: recht viel

mikka de suru: etwas innerhalb von drei Tagen erledigen

muri na koto: etwas Unmögliches

hikiukeru: übernehmen, auf sich nehmen; Kausativ-Form: *hikiukesaseru;* Kausativ-Passiv-Form: *hikiuke-sase-rareru*

shikata ga nai: Da kann man nichts machen.

hajime wa: zuerst; zunächst

hanbun: die Hälfte

tetsudatte morau: sich helfen lassen; *tetsudatte kureru/kudasaru:* jemand hilft mir; in beiden Fällen wird die Handlung von der 2. bzw. 3. Person ausgeübt. Wenn die Handlung vom Sprecher ausgeübt wird, gebraucht man *tetsudatte ageru* (jm. helfen); *tetsudatte morau tsumori datta:* Ich wollte (jn.) um Hilfe bitten.

kotowarareru (Passivform von *kotowaru*): abgelehnt werden

sō ieba: bedeutet hier: "ach ja"

Sano-san wa ima Ōsaka nan desu ne: Herr Sano ist zur Zeit in Osaka, nicht wahr? Durch *nan* wird *desu* verstärkt: *sō desu* → *sō nan desu:* so ist das

kaisai sareru (Passivform von *kaisai suru*): veranstaltet werden

tenji-kai: Ausstellung

shōtai sareru (Passivform von *shōtai suru*): eingeladen werden

de: und, also, deshalb

tetsuya: das Durchwachen der Nacht; *tetsuya de shigoto o suru:* die ganze Nacht hindurch arbeiten

yonaka: Mitternacht

akanbō: Säugling

nakareru (Passivform von *naku*): weinen, schreien

omotta hodo hakadoranai: die Arbeit geht nicht so vonstatten, wie ich es mir vorgenommen habe

ato donogurai nokotte iru: wieviel ist noch übrig

taipu suru: (Schreibmaschine) schreiben; *taipu:* Abkürzung von *taipuraitā* (engl. typewriter); viele Fremdwörter werden mit der Endung *-suru* verbalisiert. Beispiel: *mikkusu-suru* – mischen, *katto-suru* – schneiden, *misu-suru* – einen Fehler machen

tasukaru: bedeutet hier: jm. bleibt etwas erspart

1. Passivform

| Aktiv | Passiv | |
	Stamm	Endung
a. tanomu (bitten)	tanoma-	
yobu (herbeirufen)	yoba-	reru
naku (weinen)	naka-	
kotowaru (ablehnen)	kotowara-	renai
iu (sagen)	iwa-	
shikaru (tadeln)	shikara-	reta
b. miru (sehen)	mi-ra-	renakatta
taberu (essen)	tabe-ra-	
homeru (loben)	home-ra-	retai
kimeru (bestimmen)	kime-ra-	
c. kuru (kommen)	ko-ra	retaku nai
suru (tun)	sa-	
saisoku suru (mahnen)	saisoku sa-	rete shimatta
chūi suru (achtgeben)	chūi sa-	

a. Hier wird die Passivform gebildet, indem man die *-nai*-Form durch *-reru* ersetzt: *tanoma-nai — tanoma-reru.*

b. Hier wird die Passivform gebildet, indem man *-ru* der einfachen Form durch *-rareru* ersetzt: *mi-ru — mi-rareru.*

c. Die Passivformen von *kuru (korareru)* und *suru (sareru)* sind unregelmäßig.

2. Passivsatz

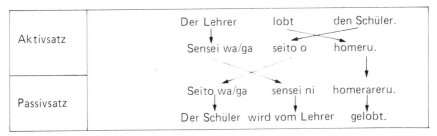

Aktivsatz	Der Lehrer lobt den Schüler. Sensei wa/ga seito o homeru.
Passivsatz	Seito wa/ga sensei ni homerareru. Der Schüler wird vom Lehrer gelobt.

Das Akkusativobjekt im Aktivsatz wird zum Subjekt im Passivsatz; die Partikel *o* wird durch *wa/ga* ersetzt. Das Agens erhält im Passivsatz die Dativform; die Partikel *wa/ga* wird durch *ni* ersetzt.

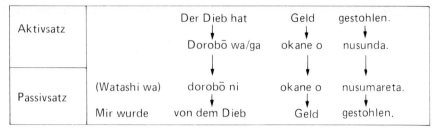

Aktivsatz	Der Dieb hat ↓ Dorobō wa/ga	Geld ↓ okane o	gestohlen. ↓ nusunda.
Passivsatz	(Watashi wa) ↓ Mir wurde	dorobō ni ↓ von dem Dieb	okane o ↓ Geld	nusumareta. ↓ gestohlen.

Wenn das Akkusativobjekt im Aktivsatz sich auf eine Sache bezieht, so bleibt es in der Regel auch Akkusativobjekt im Passivsatz.

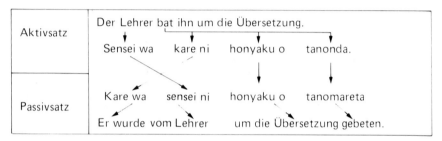

Aktivsatz	Der Lehrer bat ihn um die Übersetzung. Sensei wa kare ni honyaku o tanonda.
Passivsatz	Kare wa sensei ni honyaku o tanomareta Er wurde vom Lehrer um die Übersetzung gebeten.

Wenn in einem Aktivsatz ein Dativobjekt (*kare ni*) und ein Akkusativobjekt (*honyaku o*) vorkommen, so wird das Dativobjekt im Passivsatz zum Subjekt, sofern es sich um Personen bzw. lebende Wesen handelt, während eine Sache im Passivsatz auch Akkusativ bleibt.

3. Gebrauch des Passivs

a. Im Japanischen wird das Passiv relativ wenig verwendet; aktive Ausdrücke werden bevorzugt (vgl. *-te arimasu*). Beispiel: *Tegami wa kaite arimasu.* Der Brief ist geschrieben. Anstatt: *Tegami wa kakaremashita.* Der Brief wurde geschrieben.

b. In der Umgangssprache kommt es sehr selten vor, daß es sich beim Passivsubjekt um eine Sache handelt; d. h.: hauptsächlich wird das Passiv für Personen oder lebende Wesen verwendet.

c. Der im Passiv ausgedrückte Sachverhalt bedeutet im Japanischen meistens etwas für den Sprecher Unangenehmes; man wird von einer unangenehmen Sache betroffen. Beispiele: *(Watashi wa X-san ni) tegami o yomareta.* Der Brief wurde (auch von Herrn X) gelesen (was mir gar nicht recht war). — *(Watashi wa*

X-san ni) hanashi o kikareta. Unser Gespräch wurde (von Herrn X) mitgehört (was mir sehr peinlich war).

d. Einige intransitive Verben können auch Passivsätze bilden. Beispiele:

es regnet

Aktiv: *ame ga furu*

             Kinō ame ga futta. Gestern hat es geregnet.

Passiv: *ame ni furareru*

             (Watashi wa) kinō ame ni furareta. etwa: Gestern bin ich vom Regen überrascht worden.

davonlaufen

Aktiv: *nigeru*

             Nyōbō ga nigeta. Meine Frau ist davongelaufen.

Passiv: *nigerareru*

             (Watashi wa) nyōbō ni nigerareta. Meine Frau ist mir davongelaufen (und jetzt weiß ich nicht, was ich tun soll).

             taberareru

             Otōto ni watashi no kēki o taberarete shimatta. Mein Kuchen wurde von meinem (jüngeren) Bruder aufgegessen.

e. Die Passivform von Gruppe b. (*-rareru*) wird oft in der Bedeutung von "können" verwendet. Ferner wird diese Form auch als Höflichkeitsform benutzt. Beispiel:

Kore wa taberaremasu ka? Kann man das essen?/Ist das eßbar?

Bangohan wa mo taberaremashita ka? Haben Sie schon zu Abend gegessen?

4. Handlung — Passiv — Zustand

a. Allgemein:
 — Transitive Verben in der "*-te iru*-Form" drücken eine dauernde Handlung aus.
 — Transitive Verben in der "*-te aru*-Form" und intransitive Verben in der "*-te iru*-Form" drücken einen Zustand aus.

b. "...-te aru/...-te iru"

1. Mado o akemasu. Ich öffne das Fenster.	akeru	
2. (Mado wa akeraremasu.) (Das Fenster wird geöffnet.) 3. Mado o akete imasu. akete iru Ich öffne gerade das Fenster.	(akerareru)	aku
4. Mado o akemashita. Ich habe das Fenster geöffnet.	aketa	
5. (Mado wa akeraremashita.) (Das Fenster wurde geöffnet.)	(akerareta)	
6. Mado ga akete arimasu. akete aru Das Fenster ist geöffnet.		
7. Mado ga aite imasu. Das Fenster ist offen.		aite iru

Die Passivausdrücke wie unter 2. und 5. kommen in der Umgangssprache kaum vor; stattdessen werden die Formulierungen 6. und 7. verwendet.

D Übung 1

a. Lernen Sie die Verben auch im Passiv!

kiku (fragen) — kikareru

yomu (lesen) — yomareru

miru (sehen) — mirareru

iu (sagen) — iwareru

tanomu (bitten) — tanomareru

kotowaru (ablehnen) — kotowarareru

yobu (herbeirufen) — yobareru

warau (lachen) — warawareru

nusumu (stehlen) — nusumareru

shikaru (tadeln) — shikarareru

homeru (loben) — homerareru

damasu (betrügen) — damasareru

b. Geben Sie Ihre Stellungnahme ab! 🔵🔵

Kikanai to omoimasu.	— Iya, kikaremasu yo.

1. Tanomanai to omoimasu.   2. Kotowaranai to omoimasu.   3. Warawanai to omoimasu.   4. Nusumanai to omoimasu.   5. Yomanai to omoimasu.   6. Iwanai to omoimasu.   7. Shikaranai to omoimasu.

c. Geben Sie Ihre Stellungnahme ab!

Tabun nani mo kikarenai deshō.	— Mō kikaremashita.

1. Tabun shikararenai deshō.   2. Tabun nani mo tanomarenai deshō.   3. Tabun yobarenai deshō.   4. Tabun kotowararenai deshō.   5. Tabun nani mo nusumarenai. deshō.   6. Tabun nani mo iwarenai deshō.

d. Antworten Sie! 🔵🔵

Shikararemashita ka?	— Iie, shikararemasen deshita.

1. Homeraremashita ka?   2. Tanomaremashita ka?   3. Kotowararemashita ka?
4. Kikaremashita ka?   5. Iwaremashita ka?   6. Nusumaremashita ka?

e. Antworten Sie!

Tanomareta n desu ka?	— Ē, tanomarete shimaimashita.

1. Kotowarareta n desu ka?   2. Nusumareta n desu ka?   3. Shikarareta n desu ka?   4. Damasareta n desu ka?   5. Warawareta n desu ka?

f. Übersetzen Sie ins Deutsche!

1. Hito ni kikaretaku nai hanashi ga aru n desu.
2. Hito ni miraretaku nai mono ga arimasu ka?
3. O-kāsan ni shikarareta kodomo ga naite imasu.
4. Okusan ni nakareta koto ga arimasu ka?
5. Dorobō ni nusumareta mono wa nan(i) to nan(i) desu ka?
6. Ano sensei ni homerareta koto ga arimasu ka?
7. Dare ni mo warawaretaku nai kara sono hanashi wa shimasen.

Übung 2

a. Lernen Sie die Verben im Passiv!

yameru (aufhören, zurückziehen) — yamerareru
tomeru (verbieten, abraten) — tomerareru
susumeru (empfehlen, anbieten) — susumerareru
hantai suru (Einspruch erheben) — hantai sareru
shōtai suru (einladen) — shōtai sareru
shinu (sterben) — shinareru
kowasu (zerbrechen) — kowasareru
naku (weinen) — nakareru

b. Geben Sie Ihre Stellungnahme ab! **Q O**

> Hito ni warawaremasu yo.   — Warawarete mo kamaimasen.

1. O-tōsan ni shikararemasu yo. 2. Isha ni hantai saremasu yo. 3. Kodomotachi ni kowasaremasu yo. 4. Kanojo ni nakaremasu yo. 5. Shinbun ni kakaremasu yo.

c. Geben Sie Ihre Stellungnahme ab! **Q O**

> Ame ga furu kamo shiremasen ne.   — Ame ni furaretara komarimasu.

1. Kare wa hantai suru kamo shiremasen ne. 2. Karera wa asa hayaku kuru kamo shiremasen ne. 3. Ano hito wa shinu kamo shiremasen ne. 4. Kanojo wa kaisha o yameru kamo shiremasen ne. 5. Goshujin ga sore o miru kamo shiremasen ne. 6. Yamada-san wa sono shigoto o kotowaru kamo shiremasen ne.

d. Antworten Sie!

> Dare ni ryokō o tomerareta n desu ka? (isha)
> — Isha ni ryokō o tomeraremashita.

1. Dare ni kono mise o susumerareta n desu ka? (Yamada-san) 2. Dare ni sono shigoto o tanomareta n desu ka? (ani) 3. Dare ni kamera o kowasareta n desu ka? (kodomo) 4. Dare ni damasareta n desu ka? (tomodachi) 5. Dare ni shōtai sareta n desu ka? (shachō) 6. Dare ni hantai sareta n desu ka? (gakuseitachi)

e. Antworten Sie!

Watashi wa kachō ni honyaku o tanomareta.
Dare ga tanomareta n desu ka?
  – Watashi ga tanomareta n desu.
Dare ni tanomareta n desu ka?
  – Kachō ni tanomareta n desu.
Nani o tanomareta n desu ka?
  – Honyaku o tanomareta n desu.

---

1. Chichi wa dorobō ni o-kane o nusumaremashita.
   Dare ga nusumareta n desu ka?
   Dare ni nusumareta n desu ka?
   Nani o nusumareta n desu ka?

2. Tanaka-san wa tomodachi ni shakkin o kotowarareta.
   Dare ga kotowarareta n desu ka?
   Dare ni kotowarareta n desu ka?
   Nani o kotowarareta n desu ka?

3. Buraun-san wa kyōju ni nihongo ga jōzu da to homerareta.
   Dare ga homerareta n desu ka?
   Dare ni homerareta n desu ka?
   Nan to homerareta n desu ka?

f. Übersetzen Sie ins Deutsche!

1. Naze Kyūshū ni ikanai n desu ka? – Isha ni ryokō o tomerarete imasu kara.
2. Atarashii sensei ni mō aimashita ka? – Ē, kinō gakkō de shōkai saremashita.
3. Ashita o-hima desu ka? – Ashita wa tomodachi no kekkonshiki ni shōtai sarete iru n desu. 4. Tanaka-san wa o-kane o nusumareta sō desu yo. – Ikura nusumareta n desu ka? 5. Dare ni kono kaisha o susumeraremashita ka? – Tomodachi desu. 6. Ame ni furaretera dō shimasu ka? – Sugu takushī ni norimasu. 7. Naze daigaku o yameru n desu ka? – Chichi ni shinaremashita kara watakushi ga hatarakanakereba naranai n desu.

Übung 3

a. Antworten Sie!

Doā o shimete kudasai.   – Mō shimete arimasu.

---

1. Mado o akete kudasai.   2. Hoteru no heya o tanonde kudasai.   3. Suzuki-san ni kotowatte kudasai.   4. Hayaku kimete kudasai.   5. Sugu saisoku shite kudasai.
6. Heya o sōji shite kudasai.

b. Antworten Sie! **ⓞⓞ**

Kippu wa mō kaimashita ka?   — Ē, mō katte arimasu.

1. Ano o-kane wa mō kaeshimashita ka?   2. O-sushi wa mō tanomimashita ka?
3. Kono tegami no henji wa mō kakimashita ka?   4. Kono koto wa Satō-san ni mō hanashimashita ka?   5. Hoteru no heya wa mō kotowarimashita ka?

c. Antworten Sie! **ⓞⓞ**

Kippu wa mō katte kuremashita ka? — Iie, mada katte arimasen.

1. Ano o-kane wa mō kaeshite kuremashita ka?   2. O-sushi wa mō tanonde kure-mashita ka?   3. Kono tegami no henji wa mō kaite kuremashita ka?   4. Kono ko-to wa Satō-san ni mō hanashite kuremashita ka?   5. Hoteru no heya wa mō koto-watte kuremashita ka?

d. Wandeln Sie die Sätze um!

Sasaki-san wa ima kuruma o aratte imasu. — Watashi no kuruma wa mō aratte arimasu.

1. Sasaki-san wa ima tegami o taipu shite imasu.   2. Sasaki-san wa ima kutsu o migaite imasu.   3. Sasaki-san wa ima yachin o haratte imasu.   4. Sasaki-san wa ima hikōki no kippu o tanonde imasu.   5. Sasaki-san wa ima yūbin o mite imasu.

e. Dialogübung:

Heya o sōji shinakereba narimasen. (sōji) shite agemashō ka? Onegai shimasu. Itsu shite kuremasu ka?

1. Kaimono ni ikanakereba narimasen.

   _____ _____ ___?

   Onegai shimasu. Itsu _____ _____ _____?

2. Tegami o kakanakereba narimasen.

   _____ _____ ___?

   Onegai shimasu. Itsu _____ _____ _____?

3. Matsuda-san ni tanomanakereba narimasen.

   _____ _____ _____?

   Onegai shimasu. Itsu _____ _____ _____?

4. Yoyaku o kotowaranakereba narimasen.

   _____ _____ _____?

   Onegai shimasu. Itsu _____ _____ _____?

5. Isha ni kikanakereba narimasen.

   _____ _____ _____?

   Onegai shimasu. Itsu _____ _____ _____?

f. Übersetzen Sie ins Deutsche!

1. Dare ga kono tegami o kaita n desu ka? Anata?
   - Ē, watashi ga Gotō-san ni (tanomarete) kaite agemashita.
   - Iie, (watashi ga) Gotō-san ni (tanonde) kaite moraimashita.
   - Iie, Gotō-san ga (watashi ni) kaite kuremashita.

2. Kono shigoto wa anata ga hitori de shita n desu ka?
   - Iie, tomodachi ni tetsudatte moraimashita.
   - Iie, tomodachi ga tetsudatte kuremashita.

   Kono shigoto wa kimi no tomodachi ga hitori de shita n desu ka?
   - Iie, watashi ga sukoshi tetsudatte agemashita.

3. Kono uchi wa anata ga katta n desu ka?
   - Ē, watashi ga chichi ni katte ageta n desu.
   - Iie, chichi ni katte moratta n desu.
   - Iie, chichi ga katte kureta n desu.

Grammatikregister

Die Zahlen bezeichnen Lektion und Seiten, in denen das jeweilige grammatische Phänomen zum ersten Mal behandelt wird.

Wortregister

Die Zahlen bezeichnen Lektion und Seiten, in denen das Wort zum ersten Mal erwähnt wird.

F

forukusuwāgen 14–139
Fujisan 10–98
(kaze ga) fuku 13–130
-fun/pun 3–36
fune 3–40
Furansu 3–39
~ go 3–39
~ jin 3–39
(ame ga) furu 10–99
furui 4–44
futari 5–52
futatsu 2–25
fūtō 12–121
futoru 11–119
futsū 13–132
futsū ni 4–49
futsuka 6–66
futtobōru 3–38
fuyu 9–90

G

ga ... 4–42
... ga 5–52/56
gaijin 8–79
gaikoku 9–94
gakkō 1–18
gakusei 6–67
gasorin 12–128
-gatsu 6–62
genkan 7–71
genki 1–15
~ ga nai 16–159
~ ni naru 11–108
genkin 12–121
~ fūtō 12–121
genkō 16–158
getsuyōbi 3–37

ginkō 3–36
Ginza 9–97
go 2–25/5–57
gogakuryoku 16–158
gogo 11–108
gojū 2–26
go-kigen ikaga ...
11–110
go-kyōdai 5–57
go-meiwaku de nakereba
7–79
gomen kudasai 2–23
goran ni naru 4–43
goro 11–108
go-shinsetsu 13–138
go-shōkai 3–32
go-shujin 5–57
gozaimasu 9–89
gozen 11–110
... gurai 9–89
gyūnyū 2–30

H

hachi 2–25
hachijū 2–26
hagaki 2–28
hageshii 13–129
haha 5–57
hai 1–15
-hai 4–47
hairu 8–82
haizara 2–27
hajime 16–158
hajimemashite 3–32
hajimeru 10–106
hakkiri 10–98
Hakone 5–59
hamaki 9–94

-han 3–32
hana 2–30
hanaseru 5–58
hanashi 4–42
hanasu 7–7
hanaya 6–68
hanbun 16–158
Hanburugu 6–68
handobakku 1–19
hankachi 2–28
hantai suru 16–166
~ sareru 16–166
happyaku 2–26
haru 7–78
hataraku 7–73
hatsuka 6–66
hayaku 8–85
hen 6–64
henji 11–115
heta 5–54
heya 11–111
hi 8–79
hidari 6–65
hijō ni 10–101
hikedoki 14–139
hikiukeru 16–159
hikiukesaseru 16–159
hikōki 3–40
hima 9–90
hiroi 11–116
Hiroshima 2–31
Hiruton-Hotel 15–152
hiruyasumi 13–129
hisho 6–62
hito 3–35
hito kurasu 6–62
hitori 5–56
hitotsu 2–23
hō (ga) 12–125/14–139

Hokkaidō 6–65
homerareru 16–161
homeru 16–161
hon 1–19
-hon 2–27
Honkon 5–55
hontō 8–80
honya 6–68
hon'yaku 16–158
hoshii 5–54
hoteru 4–48
hotondo 4–49
hayaku 2–26
hyakuman 2–26

I

ichi 2–25
ichiban 10–102
ichō no ki 4–42
ie de mo 5–54
Igirisu 3–39
~ jin 3–39
ii 4–46
ii desu 9–89
iie 1–15
-ijō 9–89
ikaga desu ka 5–52
iku 1–21
ikura 2–23
ikutsu 2–31
ima 1–20
imōto 5–57
inai 8–82
irasshaimase 2–23
irassharu 10–99
ireru 12–122
iroiro 4–44
iru 5–57/6–64

isha 6–67
isogashii 11–117
isogu 12–127
isoide 10–101
issho 9–97
isu 1–19
itadakimasu 5–52
Itarī 3–39
~ go 3–39
~ jin 3–39
itsu 1–15
itsu ka 9–93
itsuka 6–66
itsumo 3–32
itsutsu 2–25
itte kimasu 12–120
itte mairimasu 12–122
itterasshai 12–120
iu 7–74
iwareru 16–161
iya 7–71
iya na 13–129

J

ja 1–15
~ mata 3–32
jama 11–115
jazu 5–60
-ji 3–32
ji 8–79
jibiki/jisho 2–30
jidōsha 3–40
jikan 3–37
jin 3–39
jiyū 11–116
jōzu 5–52
~ ni 10–101
J.R.-sen 3–40

jū 2–25
jūdō 7–75
jūgo 2–25
jugyōryō 6–62
jūhachi 2–25
jūichi 2–25
jūku/~kyū 2–25
jūman 2–26
jūni 2–25
jūroku 2–25
jūsan 2–25
jūshi/~yon 2–25
jūshichi/~nana 2–25
jūsu 2–30
jūyokka 6–66

K

... ka 1–15
... ka ... 2–23
kaban 1–19
kabuki 3–32
kachō 16–158
kaeri ni 12–120
kaeru 1–21/5–58
kaesu 10–104
kaette kuru 10–99
kagiru 9–89
kaimono 2–23
kaisai sareru 16–160
kaisai suru 16–160
kaisha 1–18
~ no hikedoki 14–139
~ no hito 4–51
kaishain 3–32
kakeru 5–58
kaku 7–72
kamaimasen 12–123

Lektionstexte in japanischer Schrift

五 十 音 図

ア あ		イ い		ウ う		エ え		オ お	
a		i		u		e		o	
カ か		キ き		ク く		ケ け		コ こ	
ka		ki		ku		ke		ko	
サ さ		シ し		ス す		セ せ		ソ そ	
sa		shi		su		se		so	
タ た		チ ち		ツ つ		テ て		ト と	
ta		chi		tsu		te		to	
ナ な		ニ に		ヌ ぬ		ネ ね		ノ の	
na		ni		nu		ne		no	
ハ は		ヒ ひ		フ ふ		ヘ へ		ホ ほ	
ha		hi		fu		he		ho	
マ ま		ミ み		ム む		メ め		モ も	
ma		mi		mu		me		mo	
ヤ や				ユ ゆ				ヨ よ	
ya				yu				yo	
ラ ら		リ り		ル る		レ れ		ロ ろ	
ra		ri		ru		re		ro	
ワ わ								ヲ を	
wa								(wo)	
								ン ん	
								n	

ガ	が	ギ	ぎ	グ	ぐ	ゲ	げ	ゴ	ご
ga		gi		gu		ge		go	
ザ	ざ	ジ	じ	ズ	ず	ゼ	ぜ	ゾ	ぞ
za		ji		zu		ze		zo	
ダ	だ	ヂ	ぢ	ヅ	づ	デ	で	ド	ど
da		ji		zu		de		do	
バ	ば	ビ	び	ブ	ぶ	ベ	べ	ボ	ぼ
ba		bi		bu		be		bo	
パ	ぱ	ピ	ぴ	プ	ぷ	ペ	ぺ	ポ	ぽ
pa		pi		pu		pe		po	
ファ		フィ				フェ		フォ	
fa		fi				fe		fo	

キャ	きゃ	キュ	きゅ	キョ	きょ
kya		kyu		kyo	
シャ	しゃ	シュ	しゅ	ショ	しょ
sha		shu		sho	
チャ	ちゃ	チュ	ちゅ	チョ	ちょ
cha		chu		cho	
ニャ	にゃ	ニュ	にゅ	ニョ	にょ
nya		nyu		nyo	
ミャ	みゃ	ミュ	みゅ	ミョ	みょ
mya		myu		myo	
ヒャ	ひゃ	ヒュ	ひゅ	ヒョ	ひょ
hya		hyu		hyo	
リャ	りゃ	リュ	りゅ	リョ	りょ
rya		ryu		ryo	

ギャ	ぎゃ	ギュ	ぎゅ	ギョ	ぎょ
gya		gyu		gyo	
ジャ	じゃ	ジュ	じゅ	ジョ	じょ
ja		ju		jo	
ヂャ	ぢゃ	ヂュ	ぢゅ	ヂョ	ぢょ
ja		ju		jo	
ビャ	びゃ	ビュ	びゅ	ビョ	びょ
bya		byu		byo	
ピャ	ぴゃ	ピュ	ぴゅ	ピョ	ぴょ
pya		pyu		pyo	

1A こんにちは

江藤 おはようございます。

阿部 おはようございます。

江藤 どこへ行きますか？

阿部 デパートへ行きます。

江藤 何を買いますか？

阿部 時計を買います。

江藤 それから？

阿部 うちへ帰ります。

加藤 こんにちは。

石井 こんにちは。

加藤 いつ京都へ行きますか？

石井 あさって行きます。

加藤 切符を買いましたか？

石井 はい、買いました。

加藤 じゃあ、おげんきで。

石井 さよなら。

今井 こんばんは。

佐藤 こんばんは。

今井 今日何をしましたか？

佐藤 映画を見ました。

今井 あす音楽会に行きますか？

佐藤 いいえ、仕事をします。

今井 そうですか。じゃあ、おやすみなさい。

佐藤 おやすみなさい。

2A 買い物

客　　ごめん下さい。

売子　はい、いらっしゃいませ。

客　　このりんごいくらですか？

売子　1つ500円です。

客　　あのりんごは？

売子　3つ600円です。

客　　じゃ、そのりんごを6つ下さい。

　　　あのう、これはオレンジですか？

売子　いいえ、オレンジじゃありません。

客　　何ですか？

売子　みかんです。

客　　いくらですか？

売子　1パック1000円です。

客　　じゃ、それを2パックとバナナを3本お願いします。

売子　はいはい。——どうもお待ちどうさま。りんご6つとみかん2パックとバ
　　　ナナ3本でしたね。全部で3,500円です。毎度ありがとうございます。
　　　又どうぞ。

客　　「週間文春」1冊下さい。

売子　すみません、売切れです。

客　　いつ来ますか？

売子　明日かあさって来ます。

3A　しばらくですね

スミス	山田さん！
山田	やあ、スミスさん！　しばらくですね、おげんきですか？
スミス	ええ、ありがとうございます。山田さんは？
山田	ありがとう、相変らずです。スミスさん、ご紹介します。
	こちら、ミュラーさん…
スミス	始めまして、スミスです。
ミュラー	ミュラーです。どうぞよろしく。
スミス	お国はどちらですか？
ミュラー	ドイツです。ボンから来ました。スミスさんは？
スミス	私はアメリカです。
ミュラー	そうですか。
スミス	ミュラーさんは先生ですか？
ミュラー	ええ、大学でドイツ語を教えています。スミスさんは？
スミス	私ですか？　会社員です。
山田	ところでスミスさん、これから会社ですか？
スミス	いいえ。家内と歌舞伎に行きます。
山田	会社は？
スミス	土曜日はいつも休みです。
山田	そうですか。
スミス	すみません、今何時ですか？
山田	5時半です。歌舞伎は何時からですか？
スミス	6時からです。
山田	じゃあ、また。奥さんによろしく。

4A　喫茶店で　Ⅰ

ウェーター	いらっしゃいませ。
石井	コーヒー2つと、ケーキ2つ、お願いします。
ウェーター	かしこまりました。
ブラウン	この喫茶店は静かですね。よくいらっしゃいますか？
石井	時々来ます。
ウェーター	お待たせ致しました。
石井	きのうは、いいお天気でしたね。何をなさいましたか？
ブラウン	新しい車で、鎌倉にドライブしました。
石井	そうですか。よくドライブをなさいますか？
ブラウン	ええ、よくします。
石井	鎌倉はどうでしたか？
ブラウン	まだ少し寒かったですが・・・
石井	何をごらんになりましたか？
ブラウン	大仏とお寺をたくさん見ました。
石井	有名な建長寺は？
ブラウン	もちろん見ました。それから鶴岡八幡宮に行きました。
石井	建長寺からあまり遠くありませんね。
ブラウン	ええ、近いです。そこで大きないちょうの木を見ました。
石井	あのいちょうの木の話を聞きましたか？
ブラウン	ええ、大変面白いですね。

5A　喫茶店で II

石井	もう1杯いかがですか？
ブラウン	ありがとうございます。いただきます。
石井	ケーキは？
ブラウン	ケーキはもうけっこうです。私は甘い物があまり好きじゃありません。
石井	私もケーキはめったに食べません。 すみません、ちょっと！　コーヒーもう2杯下さい。
ウェーター	はい、かしこまりました。
石井	ブラウンさんは日本語が上手ですね。
ブラウン	いいえ、まだだめです。日本語はむずかしいですね。
石井	漢字がわかりますか？
ブラウン	ええ、だいたい読めますが、あまり書けません。
石井	どこで日本語の勉強をなさいましたか？　ドイツで？
ブラウン	いいえ、ドイツではしませんでしたが、大阪の大学で2年勉強しました。
石井	どうりで。
ウェーター	失礼します。
石井	お家で、いつも日本語ですか？
ブラウン	いいえ、家では大抵ドイツ語ですが、子供達は家でもよく日本語を使います。
石井	お子さんは何人ですか？
ブラウン	2人です。3つの女の子と5つの男の子です。
石井	奥さんも日本語がわかりますか？
ブラウン	いいえ、家内はまだ全然だめです。来月から日本語の学校に行きます。
石井	そうですか。おや、もう9時半ですね。
ブラウン	どうも今日はすっかりごちそうになりました。
石井	どういたしまして。

6 A　日 本 語 の 学 校

ブラント　　もしもし、ちょっと伺いますが、この近くに日本語の学校が有り
　　　　　　ますか？

通行人　　　日本語の学校ですか？　あそこに赤いポストが有りますね。

ブラント　　あの高いビルの前ですか？

通行人　　　ええ、そうです。学校はあのビルの中に有ります。

ブラント　　どうもありがとうございました。

通行人　　　どういたしまして。

ブラント　　あのう、日本語の学校はここですか？

守衛　　　　3階です。そのドアーの後ろにエレベーターが有ります。

ブラント　　あ、そうですか、どうも。

ブラント　　ちょっとお尋ねしますが、新学期はいつからいつまでですか？

秘書　　　　3月1日から5月15日までです。

ブラント　　だいたい2か月間ですね。

秘書　　　　そうです。

ブラント　　授業料はいくらですか？

秘書　　　　16,000円です。

ブラント　　1クラスに何人いますか？

秘書　　　　だいたい20人です。

ブラント　　生徒は皆アメリカ人ですか？

秘書　　　　いいえ、ドイツ人もフランス人もいます。

ブラント　　そうですか、じゃまた。どうもおじゃましました。

7A　来客

　青木さんは、会社員です。丸の内の貿易会社に、8年勤めています。今年の4月から、渋谷に住んでいます。

　今日は、土曜日です。青木さんは、新聞を読んでいます。息子の武男は、テレビを見ています。娘の美恵子は、絵を書いています。青木さんの奥さんは、晩御飯の用意をしています。ベルが鳴りました。青木さんは、玄関に行って、ドアーを開けました。お客さんです。

後藤　今晩は。

青木　やあ、後藤さん。よくいらっしゃいました。さあ、どうぞお上り下さい。

後藤　ありがとうございます。失礼します。

　2人は、応接間に行きました。

後藤　どうも、すっかりごぶさたしました。

青木　いや、こちらこそ。

後藤　皆さん、お変りありませんか？

青木　ありがとうございます。おかげさまで、皆元気です。お宅の皆さんもお元気ですか？

後藤　ええ、相変らずです。

青木　ところで、マイヤーさんを覚えていますか？

後藤　ええ、よく覚えています。大学で、ドイツ語を教えていましたね。

青木　そうです。マイヤーさんは、結婚しましたよ。知っていますか。

後藤　いいえ、知りませんでした。いつですか？

青木　去年の秋です。ええと、そうそう、10月20日でした。

　青木さんと後藤さんは、楽しく話しています。

8 A　散歩

　武田さんは、公園に散歩に行きました。そこで、ひとりの外人に会いました。彼は手にたばこを持っていました。そうして　日本語で、武田さんに言いました。

外人　すみませんが、火をかして下さい。

武田　さあ、どうぞ。

　外人は、たばこに火をつけて、武田さんにライターを返しました。

外人　どうもありがとうございました。

武田　どういたしまして。日本語がお上手ですね。

外人　いいえ、まだだめです。話せますが、字はまだよく読めません。今勉強しています。——失礼ですが、今お急ぎですか？

武田　いいえ、ちょっと散歩に来ました。

外人　あのう、御迷惑でなければ、少し教えて下さい。

　外人は、ポケットから、手帳を出して、武田さんに見せました。

外人　さっきこの公園で、こんな字を見ましたが、読めません。どうぞ、読んで下さい。

武田　ちょっと見せて下さい。ああ、これはね、1番目が、「芝生に入らないで下さい。」

外人　すみません。ちょっと待って下さい。

　彼は手帳にそれを、ローマ字で書きました。

外人　では、次をお願いします。

武田　2番目は、「ここに、紙くずを捨てないで下さい。」

外人　どうも、ほんとうにありがとうございました。

9A 東京見物のあとで

木村さんは、夏、東京の友だちを訪ねました。今日は、朝から東京見物です。

木村　　　　疲れましたね。どこかで少し休みませんか？

前田　　　　ええ、そうしましょう。あの喫茶店で、何か冷たいものを飲みましょう。

木村　　　　ぼくはビールが飲みたいんですが、この近くにビヤホールがありませんか？

前田　　　　じゃあ、少し遠いですが、ニュートーキョーに行きましょう。

木村　　　　どのぐらいかかりますか？

前田　　　　そうですね、歩いて20分ぐらいです。

木村　　　　20分？　もうこれ以上歩きたくありません。タクシーに乗りませんか？

前田　　　　いいですよ。じゃあ、そうしましょう。

ウェートレス　いらっしゃいませ。

前田　　　　生ビールありますか？

ウェートレス　はい、ございます。

前田　　　　じゃあ、それを2つと、おつまみをください。

ウェートレス　かしこまりました。

前田　　　　さあ、乾杯しましょう。―乾杯♪

木村　　　　乾杯♪

前田　　　　ああ、おいしい♪　夏はビールに限りますね。　おかわりは、いかがですか？

木村　　　　ええ、いただきます。―前田さんは、このあいだのベルリンオペラに行きましたか？

前田　　　　あれですか？　行きたかったんですが、暇がありませんでした。あなたは？

木村　　　　わたしも見たかったんですが、切符が買えませんでした。

前田　　　　そうでしたか。

10 A 　旅行から帰って

　木村さんは、昨日、元気に旅行から帰って来ました。今日、藤井さんに、お
みやげを持って来ました。

藤井　旅行はいかがでしたか？

木村　おかげさまで、とても楽しい旅行でした。

藤井　電車は混んでいましたか？

木村　いいえ、わりあいにすいていました。

藤井　お天気はどうでしたか？

木村　ずっと良かったですよ。雨は全然降りませんでした。富士山が、はっ
　　　きり見えました。

藤井　そうですか、それは本当に良かったですね。京都にもいらっしゃいま
　　　したか？

木村　ええ、行きました。京都には、もっとながく居たかったんですが、大事
　　　な仕事が有りましたから、昨日帰って来ました。

藤井　京都は初めてですか？

木村　ええ、初めて行きました。

　藤井さんたちは、にぎやかに話しています。藤井さんの奥さんも、そばで静
かに話を聞いています。時間がどんどん過ぎて行きます。

木村　大変おじゃましました。そろそろ失礼します。

藤井　もうお帰りですか？　まだ良いじゃありませんか。もう少しゆっくり
　　　して下さい。

木村　ええ、ありがとうございます。でも、ゆうべ遅く寝ましたから、今夜
　　　は早く休みたいんです。

藤井　そうですか。じゃ、またぜひ近いうちに、遊びに来て下さい。

木村　ええ、きっと伺います。―ああ、それから、これは少しですが、京都
　　　名物のお菓子です。どうぞ、めし上がって下さい。

藤井　それはどうもありがとうございました。

11 A　お見舞い

　石田さんの奥さんは、先週盲腸の手術をしました。10日入院していましたが、昨日退院しました。石田さんは、奥さんが入院している間、毎日見舞いに行きました。会社に行く前は時間がありませんから、いつも、仕事が終ってから行きました。奥さんがまた元気になるまで、マツさんが掃除や洗濯をします。

マツ　　奥様、すぐお食事にしましょうか？

石田　　そうね…　もう少し後にして下さい。

マツ　　はい。ほかに御用はございませんか？

石田　　ちょっと、そのテレビの音を大きくして下さい。

マツ　　この位でいいですか？

石田　　ええ。それからもう少し明るくして下さい。

　午後5時頃、田中さんが見舞いに来ました。

田中　　おかげんはいかがですか？

石田　　ええ、おかげさまで…　すっかりよくなりました。

田中　　あなたが入院したと聞いた時、本当にびっくりしました。しばらく留守をしていましたから、おととい御主人に会うまで、ちっとも知りませんでした。

石田　　どうもいろいろ御心配かけました。でも、もう大丈夫です。

田中　　本当に、体は大事にして下さいね。無理をしてはいけません。

　マツさんが、お茶とお菓子を持ってきました。

石田　　お茶をひとつどうぞ。

田中　　ありがとうございます。どうぞおかまいなく。

　2人が、話しているうちに、石田さんの御主人が、帰ってきました。

石田（御主人）　　ただいま。

石田（奥さん）　　お帰りなさい

12A　郵便局で

　　山田さんが、玄関で靴をはいている時、後藤さんが来ました。後藤さんは、山田さんと同じアパートに住んでいます。

後藤　少しお邪魔してもいいですか？

山田　ええ、どうぞ。

後藤　でも、どこかにお出かけじゃありませんか？

山田　郵便局に行くつもりでしたが、後にしましょう。

後藤　今日は土曜日だから、今行ったほうがいいですよ。

山田　じゃ、すぐ帰って来ますからちょっと待っていて下さい。

後藤　それまでテレビを見てもいいですか？

山田　どうぞ御遠慮なく。新しい雑誌が机の上にありますから、読んでもいいですよ。3時ごろ戸田さんも来るはずですから、帰りにケーキを買って来ます。

後藤　ケーキは、買わなくてもけっこうですよ。ここに持って来ましたから。

山田　それはどうも…じゃ、行ってきます。

後藤　行ってらっしゃい。どうぞごゆっくり。

　　郵便局の窓口は、混んでいました。山田さんは、しばらく並んで待たなければなりませんでした。

局員　おや、この手紙に何か入っていますね。

山田　はい、お金が入っています。

局員　手紙に現金を入れてはいけません。

山田　じゃ、現金はどうして送るんですか？

局員　現金封筒を使わなくてはいけません。

山田　現金封筒の中に、手紙を入れてもいいんですか？

局員　ええ、入れてもけっこうですよ。

山田　じゃ、その封筒を1枚下さい。—このボールペンをちょっと借りてもいいですか？

局員　いいえ、それを使っては困ります。むこうの机の上に、ペンがありますから、それを使って下さい。

13 A 台風

　毎年、夏の終り頃、台風が来て、激しい雨が降り、強い風が吹きます。大きな台風の時は、よく電車やバスが止まります。

　今日は、朝から雨が降っています。会社の昼休みに、皆、台風の話をしています。

青木　　いやなお天気ですね。

小川　　台風が来るかもしれませんね。

青木　　でも、こちらには来ないでしょう。岡田さんはどう思いますか？

岡田　　私も来ないと思います。

大田　　いや、来るそうです。和田さんが、さっきお昼のニュースで聞いたと言っていました。

青木　　ええ？　本当ですか？　いつ頃来るんでしょうか？

太田　　いつ来るか、まだはっきりわからないそうですが、多分今夜遅くだと言っていましたよ。

小川　　それは大変だ。電車が止まるかもしれませんね。

岡田　　まだ大丈夫でしょう。この位の雨では、心配無いと思います。

大田　　でも、新幹線はもう止まったそうですよ。

　和田さんは、駅に電話して、電車がまだ動いているかどうか聞きました。

和田　　皆さん！　ちょっと静かにして下さい。

青木　　和田さん！　皆によく聞こえるように、もっと大きな声で話して下さい。

和田　　お伝えします。今のところ、電車は動いているそうですが、いつ止まるかわからないそうです。ですから、今日は、皆、早く家に帰るようにと言っていました。

14A　会社の引け時

今、5時10分前です。もうすぐ会社の仕事が終ります。

青木　さっき来た人はだれですか？

小田　今日は、たくさん人が来ましたが… どの人ですか？

青木　めがねをかけた女の人です。

小田　ああ、あの赤いスカートをはいていた方ですね。

青木　ええ、そうです。

小田　あの方は、社長のお嬢さんだそうです。

青木　そうですか。きれいな方ですね。

小田　来月、ドイツに留学するんだそうです。

青木　どうりで。社長を待っている間に、ドイツ語の雑誌を読んでいました。

小田　彼女が乗って来た車を見ましたか？

青木　会社の前に駐車していたフォルクスワーゲンですか？

小田　違いますよ。社長が、先月ドイツから持って来た、立派な車です。

青木　ほう、それは知りませんでした。ベンツですか？

小田　いいえ、ベンツじゃありません。スポーツカーです。ちょっと、その
　　　机の上にある雑誌をとって下さい。それに同じ車の写真がでているは
　　　ずです。

青木　これですか？

小田　いいえ、それじゃありません。おととい着いたシュピーゲルです。

青木　じゃ、さっき社長のお嬢さんが読んでいた雑誌でしょう。あれは、彼
　　　女が持って帰りました。

小田　そう。じゃ、仕方がありませんね。

青木　おや、もう帰る時間ですね。お忙ぎでなければ、これからいっしょに
　　　食事をしませんか？

小田　せっかくですが、今日は友だちに会う約束がありますから、お先に失
　　　礼します。

青木　それは残念です。では、また今度にしましょう。

15A　ボーナスをもらったら

工藤　奥堂さんは、ハワイに行った事がありますか？

奥堂　いいえ、外国にはまだ1度も行った事がありません。

工藤　私も、映画で見た事があるだけですが、ハワイはとてもいい所だそうですね。今度ボーナスをもらったら、行くつもりです。

奥堂　それは、すばらしいですね。でも、英語がわからなかったら、困るでしょう。

工藤　そんなことは無いそうですよ。ハワイには、日本語を話す人が、たくさんいるそうです。

奥堂　そうですか。ところで、何で行くつもりですか？

工藤　もちろん、飛行機です。まだ乗った事がありませんから、1度乗ってみたいんです。

奥堂　私だったら、飛行機ではなく、船で、ゆっくり行きます。

工藤　そりゃあ、船の旅の方が楽しいでしょうが、お金があっても、ひまが無かったら、それはちょっと無理でしょう。

奥堂　それもそうですね。

工藤　どうです。良かったら、いっしょに行きませんか？

奥堂　ひまがあったら行きたいんですが… ハワイまではちょっと…
　　　だいいち高いでしょう。

工藤　旅費だけなら、たいした事はありませんよ。それに、向うに着いたら伯父の家に泊まる事になっています。

奥堂　でも、私もいっしょに行く事を聞いたら、あなたの伯父さんはびっくりするでしょう？

工藤　それは大丈夫です。伯父はとても金持ちですから、困る事はありません。それに、伯父はお客が来るのをとても喜ぶんです。お正月にハワイで泳ぐのも、悪くありませんよ。